文学的故宫

祝勇答问录

郑欣淼 摄影

祝勇 著

祝勇著述集 4

辽海出版社

图书在版编目（CIP）数据

文学的故宫：祝勇答问录/祝勇著；郑欣淼摄影.
—沈阳：辽海出版社，2024.1
ISBN 978-7-5451-6761-0

Ⅰ.①文… Ⅱ.①祝… Ⅲ.①祝勇-访问记 Ⅳ.
①K825.6

中国国家版本馆CIP数据核字（2023）第188118号

出 品 人：柳青松

出 版 者：北方联合出版传媒（集团）股份有限公司
　　　　　辽 海 出 版 社
　　　　　（地址：沈阳市和平区十一纬路25号 邮编：110003）
印 刷 者：辽宁一诺广告印务有限公司
发 行 者：北方联合出版传媒（集团）股份有限公司
　　　　　辽 海 出 版 社
幅面尺寸：140mm×210mm
印 　 张：12
字 　 数：250千字
出版时间：2024年1月第1版
印刷时间：2024年1月第1次印刷
责任编辑：甄　贞　吴勇刚
装帧设计：杜　江
印制统筹：曾金凤
责任校对：张　柠

书 　 号：ISBN 978-7-5451-6761-0
定 　 价：88.00元

购书电话：024-23285299
网 　 址：http://www.lhph.com.cn
版权所有，翻印必究
法律顾问：辽宁普凯律师事务所　王　伟
如有质量问题，请与印刷厂联系调换
印刷厂电话：024-24859415
盗版举报电话：024-23284481
盗版举报信箱：liaohaichubanshe@163.com

总 序

———

　　我很早就对汉字表现出由衷的迷恋。我相信汉字是古代中国人最伟大的创造，对中华文明有奠定之功。我们不能简单地把汉字当作一种语言交流工具，任何一种文字都可以是语言交流工具，但汉字不同，它决定了中国人的审美方式和思维方式，甚至决定了我们文明的走向。假如没有汉字，还有王羲之、颜真卿吗？假如没有汉字，还有李白、杜甫吗？试想，如果王羲之、颜真卿用英语写书法，李白、杜甫用拉丁文写诗，会是一个什么样的结局？月落乌啼、江枫渔火，每一个汉字，都是一个浓缩的世界，有立体的层次，有无穷的魅力。是汉字，唤起了中国人在文化上的

在故宫，2016 年，李冰摄

创造性，让华夏文明获得了源源不断的动力。我从小喜欢读书，是因为那些书是用汉字印刷的，哪怕是外国文学，也是翻译成汉字的。所以我是从汉字笔画转折里去了解世界，去体味人生的。假若没有了汉字，我们的生命可能都无所依托。假若我们的祖先发明的是另一种文字，汉碑晋书、唐诗宋词就都不存在了，我们的文明史都要重写。汉字是长在我们身体里的文字，是我们生命中的文字。假若我们的文字不是汉字，我简直不能肯定我是否还会热爱文学。

我不知从什么时候开始沉醉在汉字的世界里，至少在读中学时，就开始在自习时读托尔斯泰、雨果、茨威格，把物理、化学这些教科书衬在外面作挡箭牌。到北京上大学，正逢20世纪80年代，莫言、余华、马原、王安忆方兴未艾，我更为他们的文字所吸引。我读莫言《红高粱》，读余华《一九八六年》，读王安忆《小鲍庄》，读张承志《黑骏马》，读乔良《灵旗》，读马原《虚构》，读洪峰《瀚海》，他们的文字给我带来的冲击力，至今记忆犹新。我崇拜写作者，惊奇于他们能够在方寸之间创造一个浩瀚无穷的世界，他们是真正的魔法师。我从不崇拜所谓的明星，在我心里，唯有伟大的作家和诗人才配得上"明星"这两个字，就像李白，因母亲在生他时梦见太白星（长庚星）才有了"太白"这个字（李白，字太白），这才是货真价实的"明星"。那些靠流量吃饭、胸无点墨的表演者怎么能称"明星"？榜样的力量是无穷的，我一心想成为他们那样的作家，哪怕成为他们的十分之一也好。我从那时就开始写作，当然还不能叫写作，最多只能叫写，从不自量力的年轻时代，一直写到今天。

自1993年出版第一本习作，转眼30多年过去，我拉拉杂杂写下几十本书，有小说，有散文，有非虚构，也有学术理论文章，已不下数百万字。2013年，东方出版社出版了"祝勇作品系列"，收选了我此前出版的12种单行本。2023年，人民文学出版社出版的"祝勇故宫系列"也刚好出版了12卷，其中有"艺术史三部曲"（《故宫的古物之美》《故宫的古画之美》《故宫的书法风流》），也有"非虚构三部曲"（《故宫六百年》《最后的皇朝》《故宫文物南迁》），虽然还没有收入我的第三个"三部曲"，即长篇小说《国宝》三部曲，也不包括我正在写作的多卷本《故宫艺术史》，但依旧有人说，我写得太多了。不知从何时起，我几乎没有一天不在写作。在我看来，没有量，哪来的质呢？一个人吃七张饼，吃到第七张饱了，难道要他直接吃第七张吗？其实我写得不能算多，只是因为每日坚持，从不放弃，集腋成裘，慢慢就显出了规模。写作不是一时的选择，而是一生的事业。俄罗斯出版《托尔斯泰全集》多达90卷，这是一个终生写作者必然累积的成果。我不敢与托尔斯泰攀比，但我知道写作有赖于日复一日的努力，偷不得懒。有人认为我写得多，还有一个原因，就是许多比我更有才华的人中途转行，很少有人能在写作的世界里从一而终。聪明人都放弃了写作，纷纷投向回报率更高的事业，写作这片疆域，就留给了像我这样的愚人，怀揣写作梦想，始终执迷不悟。创作是一条艰苦的路，需要上下求索，许多人等不得，他们要马上可以看见的功和利。但写作这件事，恰恰与急功近利没有关系，不仅"急"不得，也没有什么"功"和"利"。因此商品大潮一起，80年代的文学热潮就不见了，当初的写作者作鸟兽散，队伍于是越打越少，轰轰烈烈的创作队伍，变成了寥寥落落的三五个人、七八条枪。

　　当代文学史上我最敬佩的作家是柳青先生，他当年为写《创业史》而自降级别，放弃了当年在北京的优越生活，到陕西省长安县挂职副书记，其实是在皇甫村扎根，脱掉了四个兜的干部服，换上农民穿的对襟袄，把自己变成农民的一员。他的《创业史》，自1952年动笔，直到1978年他去世仍未写完，真正成了一场文学马拉松。正是这种在今天看来具有某种自我牺牲精神的写作，才使得已经完成的两部《创业史》（原计划写四部）成为当代文学的经典。在红尘世界里，柳青先生可能被看成一个十足的大傻瓜；但在文学的视野下，假如以权和利来衡量柳青的价值，那简直就是天大的笑话。

　　在这个世界里，孤傲的李白、潦倒的杜甫、郁郁不得志的苏东坡才是真正的王。我喜欢刘刚、李冬君在《文化的江山》一书的序言中所说的，"试问有唐一代，有多少帝王？翻一下二十五史里的《唐书》就知道了。他们从字里行间列队而出，向我们走来，除了李世民、武则天，我们还认识谁？还有一位李隆基。对不起，我们知道他是因为杨贵妃，一首《长恨歌》便盖过了他的本纪。他是王朝的太阳，光芒万丈，可在《长恨歌》里，美是太阳，集中在杨贵妃身上，留一点落日余晖，让他来分享。还有滕王阁的滕王，谁知道他的名字？而一篇《滕王阁序》，都知道是王勃作的，久而久之，滕王消失了，一提起滕王阁，人们就说王勃"。这是因为在世俗的、权力的世界之外还有一个世界，一个更广大、更深远、更永恒的世界，那就是文学的世界、美的世界。我不敢望这些大师之项背，也从来没有野心去成为他们，但我可以从他们的文字生涯中汲取信心和力量。在这个以金钱来衡量成败的年代里，文学需要一点儿牺牲精神，需要心无旁骛，需要呕心沥血，需要数十年如一日坚持不懈的努力与付出。

　　择一事，终一生，这在今天成为一句流行语，但说起来简单，真正做到，又是何其艰难！我之所以一路写下来，心无旁骛，不能只用"坚持"二字概括，归根结底，还是热爱，就是我前面所说的，对汉字所缔造的那个博大、深厚、瑰丽的世界充满迷恋。写作不是苦刑，而是一种精神享受，乐中有苦、苦中有乐，让人心甘情愿地为之付出。我无法摆脱它，更不愿摆脱它。在文字的世界里，我充分感受到了自己的富足，什么样的现实利益，都无法取代文字世界里的自我实现感。好的文字，可以让人获得力量。更重要的是，写作赋予我们独立的人格，不依靠奴颜媚骨，不需要摧眉折腰。一个优秀的作家，就是一个在文字世界里纵横捭阖的王。尽管世俗世界有它的运行法则，连文坛也是一个坛，也有挥之不去的关系网、利益链，但真正的写作者，只能依附于文学本身。

倏忽间，人生已过大半，当年那个意气风发的少年，已然是"尘满面，鬓如霜"了。我没写下什么了不起的作品，只是把自己的生命都奉献给了写作。蓦然回首，我不知道算是成功还是失败。或许人生根本就没有什么成功与失败，只有选择的不同而已。人的一生不可能面面俱到，一种成功可能就意味着另一种失败，反过来，一种失败也暗藏着另一种成功。我选择了在写作中度过此生，无论是成功还是失败，我都无怨无悔。

《祝勇著述集》的出版动议来自我的好友、辽海出版社社长柳青松先生，这套著述集涵盖的范围比"祝勇故宫系列"更加广泛，因为我的笔下不只有故宫，还试图容纳一个更加深远广袤的世界，不只有天下运势、王朝兴废这些宏大主题，更涵纳了小桥流水、紫陌红尘里的日常生活，以及蕴含在日常生活中的文化乡愁。因此这套书中有记录我多年行止、领略山河、感悟人间的散文（《月枕山河》），有我向前辈大家访谈求教的对话（《大家的大家》），有我关于写作的粗浅感言（《历史的复活术》），有我回答媒体采访一抒胸臆的表白（《文学的故宫》《洞见故宫之美》），甚至有我与名家师友的通信精选（《恰如灯下故人》），还有一些著述正在整理中，不日也将收入这套著述集中。总而言之，这是一套跨文体的著述集，有著，有述，还有一些体现我创作历程的原始资料，生动地还原了我在文字的世界里寻寻觅觅、上下求索、一路走来的艰辛，也透露出"暮从碧山下，山月随人归。却顾所来径，苍苍横翠微"的快意与自足。

最后我要感谢文化部原副部长兼故宫博物院原院长郑欣淼先生为我这些不值一提的小书提供摄影作品，感谢辽宁出版集团董事长张东平先生给予的莫大支持，感谢柳青松先生对出版流程的垂注与把控,感谢责任编辑甄贞女士、设计师杜江先生等的细致工作,感谢所有为我的写作事业默默付出的师长、朋友和亲人们。

2021 年 11 月 25 日写于北京

2023 年 10 月 10 日改于北京

目录

说历史

On
History

历史的发展进程是环环相扣的、「我们」可以通过中国
来看西方历史，通过西方历史回归东方历史。这个来回
对照的过程，能打开我们看故宫历史的狭隘视界，更加
开放地看故宫的历史，以及我们民族的历史。

《辛亥年》的历史回声

——答《文学报》记者问

《文学报》：百年前武昌城中的一声枪响，对我们的今天产生深刻影响。而我们今天对这段历史的书写，都在无意间透露着我们对待历史和现实的态度。2011 年是辛亥革命 100 周年，您先后用 3 种体裁表达了您对这段历史的认识，分别是您刚刚出版的长篇历史小说《血朝廷》、长篇非虚构作品《辛亥年》，以及大型历史纪录片《辛亥》（北京卫视 2011 年 10 月 10 日起首播）。您用文字和镜头书写这段历史的目的是什么？

祝勇：所谓的今天是短暂的，只有过去（历史）和未来永恒。如果一定在过去（历史）与未来之间进行比较，我认为过去（历史）更加强大，因为过去（历史）在一定程度上可以决定未来，而不是相反。从数量上看，历史似乎是有限的，而未来是无限的，未来中包含着源源不断的尚未到来的今天，但是随着那些"今天"的接踵而至，它们会一个个地在未来中消逝，并变成过去（历史）的一部分。所有的"今天"都是变节分子，会背叛未来，投奔过去。时间的进程，就是一个个的"今天"投奔过去（历史）的过程。因此，未来在数量上是被损耗的，只有过去（历史）的库存会日复一日地累积。历史以不动声色的方式展现着它的权威。

西方人的时间观是向前的，因为西方人相信进化论，无论生物还是社会，都经历着由低级到高级的进化程序，所以，未来的正当性远远地超过了过去（历史）。而在中国人的传统思维中，理想社会不是存在于未来，而是存在于过去，像孔子所尊崇的"郁郁乎文哉"的周代，他也因此以恢复周礼为己任，终身不渝。这是中国人对历史的态度，这一态度得到了世界的认可，20 世纪 80 年代，一批诺贝尔奖获得者在巴黎开会后发表宣言说，人类要在 21 世纪生存下去，就必须到 2500 年前中国的孔夫子那里去寻找机会。

道理容易讲得空洞。具体一点儿说，当我面对 100 年前的照片时，我强烈地感觉到，那些画面所呈现的，是那么真实的"今天"，照片上的每个人似乎都还活着，有呼吸，随时可能与我交谈。但他们都不在了，变成了历史的一部分，变成史料中一个没有感情色彩的名字。无论多么真实的今天都会变成历史，我们当下的一切都不例外。写作，使我把历史当作今天来看，也把今天当作历史来看。

《辛亥年》在三联举行发布会时，清史学者、中国人民大学清史所所长黄兴涛表达了这样的看法：对历史要怀有敬畏之心。我同意这样的看法。轻视历史的民族是脑残的民族，但是现在有些人越来越轻视历史，连一些历史的写作者都是如此。我不喜欢把历史仅仅看成"那些事儿"或者"那些玩意儿"，当作猎奇甚至消遣的对象。某些历史学者今年出版的有关辛亥的图书中，亦不乏玩世不恭的轻慢态度，仿佛一切尽在自己的股掌之间。实际上我们对历史的了解，少得可怜。爱因斯坦的名言放在这里很适用，他说："当我知道得越多，就发现我自己知道得越少。"我们只有厚待历史，历史才可能同样地回报我们。在我的书和纪录片中，我以自己的方式表明了对历史的敬意，这是我用文字和镜头书写这段历史的主要目的。

《文学报》：对于被一声枪响遮盖和忽略的，发生在那一年里的无数事件，今天的阐释依然存在许多盲点和误区。在寻找资料和写作的过程中，您是否对辛亥年有了不同以往的认识？通过您的著作和纪录片的创作，您希望自己以及这个团队的努力，能够揭示出一个什么样的辛亥年？

祝勇：我常提起的一个概念是历史的复杂性。以往的革命史叙事，总是乐于为历史附加一个理性的外壳，即所有的历史事实都必须归顺某一理性，那些桀骜不驯的史实，当然会受到这一理性的唾弃。这样做的唯一结果，只能是编辑历史，使历史变得简单、适用。真实的历史往往比这种简化的历史复杂得多，在很多时候，它是粗糙的、不规则的、非逻辑的，甚至有着诸多神秘的、不可解的因素在起作用。历史，并不是理性的机床上生产出的标准化产品，整齐划一、宜于归类。当然我并不反对历史理性，或者康德说的历史的合目的性，我只是不赞成凭借某些人为的公式来分割活生生的历史。我们常说历史研究要去粗取精、删繁就简，但我认为这是我们回避历史复杂性的一个借口，我们没有能力去面对它，就要找一个堂而皇之的理由排斥它。

《文学报》：今年也出版了诸多关于辛亥革命的书籍和影视作品，与那些作品相比，您觉得您在《辛亥年》中的最大用心是什么？这部作品的最大不同之处在哪儿？

祝勇：最大的不同，我认为是我规避了革命史的叙事框架，代之以现代化史的叙事逻辑。过去谈到辛亥革命的时候，更多的是从革命史的视野出发，重在讲述孙中山建立同盟会、发动起义的过程。这固然不错，但并不是全部。

辛亥革命这段历史不仅为革命党所独有，各阶层的人都以这样那样的方式参与辛亥革命，或主动、或被动地卷入到时代的巨大变迁中。辛亥革命是各种力量产生合力的结果，其中自然也包括立宪派，如梁启超、杨度、张謇，甚至袁世凯、端方等人所做的努力。对于这些努力，惯常的说法是"为了挽救濒于崩溃的清王朝"，但他们所做的一切，可以说是为了中国，是中国人强国梦的一部分。因此，革命史的视角是有局限性的，忽略了很多内容。革命被放大，挡住了许多真实影像。因此需要以一个更大的视角观察它。

随着视野的调整，《辛亥年》的容量就加大了，一个更加宏大的"历史版图"就被构建起来了，对许多事物的判断也随之而变。比如说在某些传统的学者眼中，把立宪派、改良派推到革命对立面，甚至有人把梁启超的立宪思想判决为反动思想。实际上，立宪派通过制度建设，比如法制的建设、议会制度的建立等，稳步推进政治体制改革，对中国现代化转型起到了举足轻重的作用。我们今天反思这场革命的时候，应该站在更加宽容和公正的视角上看待他们。以端方为例，他担任两江总督的时候，最早办了中国的公共图书馆、博物馆，派女学生留学，这在当时都是开天辟地的。端方1905年率领帝国的宪政考察团出访西方各国，接触了西方各国的政府首脑和元首，回来给慈禧上奏折，言辞激烈，比康梁变法有过之而无不及。他说："20世纪之时代，断不容专制之国更有一寸立足之地。"言外之意，大清国是专制国家，政治制度必须改革。这是掉脑袋的话，他没有须臾的犹豫。以后的制度建设，端方都有份儿。制度建设需要一点一滴做起，就像盖大厦一样。武昌起义的时候，端方的头被起义军割下来，而湖北新军之所以能率先起义，正是与端方在这里主政时奠定的开放、进步的思想土壤有关。这是他的悖论，也是他的宿命。

《文学报》：在这众多的历史人物中，您觉得被历史遮蔽或者被当下误解最多的人物是谁？

祝勇：当然是袁世凯。因为他的层次太多，所以在简化的历史中，流失的信息也最多。从前那种简单化的、政治结论式的历史逻辑仿佛模具，在塑造历史的同时，也对历史毫不客气地进行了删除。袁世凯这个胖子，体量巨大，结构复杂，很难被那只旗帜鲜明的传统模具收容。他主张废除科举、兴办实业、编练新式陆军、推动三权分立的政治活动，他对中国由传统社会向近代社会转型的贡献，往往被以往的理性化历史所忽略。他后来复辟帝制，为后人所诟病，但并不等于他是一个天生的"反派"人物，他此前所做的一切都要被抹杀。在《辛亥年》中，有这样一个细节：1906 年 8 月 25 日，帝国举行一次廷臣会议，讨论立宪有关问题。这给了持不同政见的双方一次当面博弈的机会。袁世凯进京参加讨论之前就对人说："官可不做，宪法不能不立。"又说："当以死力争。"论辩中，双方都毫不含糊地攻击对方。此后，当官制编纂会议在原恭王府朗润园举行的时候，袁世凯要求裁撤军机处、设立内阁的论点激怒了载沣，载沣当着大臣的面怒骂袁世凯："你的意思是让军机大臣卷铺盖回家喽？你还不如直接说皇上靠边站呢！这种无君无祖的话，也只有你袁世凯才能说得出来！"袁世凯没有压住怒火，公然顶撞说："这是世界上所有立宪国制度的通例，非本人之意。"载沣一怒之下竟然掏出手枪，要击毙袁世凯，众大臣慌忙中夺枪，袁世凯才躲过一劫……在《辛亥年》一书和纪录片《辛亥》中，我都表达过这样的观点："以往的英雄史观，往往垂青于那些抛头颅，洒热血的革命者，面对推动时代变革的人则保持沉默。革命者的身躯过于高大，遮挡了新政推行者的面孔，这些人包括张之洞、端方，也包括袁世凯。实际上，不论这些改革者在后来的历史中扮演了什么样的角色，他们在推动中国向现代化转型中所作的贡献是客观存在的。"

有人说，这不过是把坏人写好，把好人写坏而已。实际上并不这么简单。人是复杂的，复杂的人与复杂的历史相遇，情况就更加复杂。只有承认这种复杂性，我们才可能像一个耐心的外科医生，避免一刀切，深入到历史复杂纠结的神经网络中去，触摸到它隐晦幽昧的核心。

《文学报》：您最喜欢书中的哪一个人物？

祝勇：梁启超。我对他越是了解，就越是觉得他了不起，后人对他的重视远远不够。在《辛亥年》一书和纪录片《辛亥》中，我分别为他留了一章（集）的篇幅。只不过在《辛亥年》中，我描述的是武昌起义后，梁启超构建了一幅完美的政治蓝图，试图通过政变夺取帝国政权,驱逐保守势力,立即实行君主立宪政体，却因关键人物被袁世凯暗杀而功亏一篑的过程；而在纪录片《辛亥》中，则讲述梁启超在民国初年的政治乱象中为建立公平的政党政治而进行的困兽犹斗。1916 年来到北京担任法国驻华公使馆三秘、1960年获诺贝尔文学奖的法国作家圣 - 琼·佩斯，把梁启超誉为"知识分子里的王子"。梁启超一生著述 1400 万字，成为中国现代学术鼻祖、百科全书式的大师。面对一些革命党人针对满人的狭隘的民族复仇的立场，1902 年，梁启超首次提出了"中华民族"的概念。由"保种""民族"到"中国民族"，再到"中华"和"中华民族"，梁启超基本完成了"中华民族"一词的创造。这是目前所见到的关于"中华民族"的最早词汇，一直沿用到了今天。在此之前，中国人基本上没有现代意义上的民族观念。"中华民族"概念的提出是中国传统民族观念走向现代的重要标志之一，也为 1911 年建立一个"五族共和"的现代国家奠定了精神基础。与此同时，大量西方近代知识系统中的新名词，伴随着梁启超的一系列文章开始广为人知，由于日本在学习西方方面走在了中国前面，梁启超便将许多西方词汇的日文译名直接为我所用，包括政治、经济、军事、文化、议会、宪法，等等，从而大大丰富了近代汉语的词库，使汉语在

20世纪之初出现了词语"大爆炸"。

梁启超的贡献不仅仅在学术上，他是晚清政治体制改革（戊戌变法）的最早发起者之一，这一点众所周知。在辛亥革命前的立宪派与革命派的论争中，以梁启超、杨度为代表的立宪派认为：改革、立宪是成本最小的政治变革，也是切实可行的强国之路，尤其在经历了一系列的政治动荡之后，这个国家已经经不起大的折腾，如果像革命派所说的那样，以暴力为手段，认为不顾条件地实行民主立宪，只能使矛盾尖锐的政治分歧公开化，不仅不能使民众团结在君主与国家之下，反而会导致国家的分崩离析、政民两乱，而社会大乱，不但不能达到目的，还会引起大的倒退。梁启超给革命开出的公式是革命、动乱、专制，给立宪开出的公式是开明专制、君主立宪、民主立宪。

尽管他坚持立宪主张，但是当革命发生后，他对复辟持坚决反对的立场。张勋复辟时，是他只身前往天津，向已经下野的段祺瑞求援，由段祺瑞出马，在一周内扫平了张勋复辟，为此他不惜与自己的老师、从前的政治盟友康有为翻脸。巴黎和会时，梁启超以一介平民之身，先后会见了美国总统威尔逊及英、法等国的代表，请他们支持中国收回德国在山东的权益。《凡尔赛和约》签订后，他心情沉重地从巴黎致电研究系成员、担任外交委员会委员的汪大燮和林长民，揭发了北洋政府的恶行，从而引发了五四运动。"五四"知识分子后来变成一支独立的力量，甚至在与枪口的对峙中，依然能够对社会变革呼风唤雨，这与梁启超这个巨人的肩膀密切相关。

从革命史观的视角出发，梁启超的地位无足轻重，然而我们只是稍稍转换了视角，梁启超的地位就立刻凸现出来。他对清末民初民主政治和中国近现代思想学术的奠基作用，堪称空谷足音，在中国再也找不出第二人。梁启超为什么每每出现在中国近现代历史的最紧要处？难道他有先见之明？他是一个有历史眼光的人，这种历史眼光，我们也可以称为先见之明。

《文学报》：《辛亥年》开篇，把一个关乎民族命运转折的重要一年，把一个世纪来的动荡与安宁，把平凡的人生与历史的浩荡，在一个章节里一一揭开。不得不说这是很见写作功力，很有阅读吸引力的一个章节。从中可以看出一些您的历史写作态度。您在进行历史书写时，会如何处理小个人与大历史的关系？您进行历史书写的标准和要求是什么？

祝勇： 在那种政治结论式的历史讲述中，历史在变得富于理性化和逻辑化的同时，也变得空洞和抽象。我们经常说，辛亥革命是一场资产阶级革命，然而，在 1911 年，中国的资产阶级是如何定义的？中产阶级算不算资产阶级？资产阶级在总人口中所占比重是多少？大城市商业化程度如何？市场、税收、营销、运输情况如何？不仅有质的定性，更应该有量的分析，否则一切定性都是不可靠的。因此，细节——可以证实的细节，就显得格外重要。然而，人们似乎已经习惯了大而无当的历史叙述，很少有学者专注细节。高度理性化、抽象化的历史，实际上隔绝了我们与历史的真正联系。

辛亥革命不仅是一部政治史，也是一部经济史、军事史、文化史、社会生活史，甚至私人生活史，需要多种学科的联合作业。我们不应当从中只看到几个革命者的行动，还要看到当时社会各个层面的状态，包括普通人的生存状况。正因如此，像梅兰芳、梁漱溟、吴宓、沈从文、鲁迅、周作人、毛泽东这些看似与辛亥革命无关的人，都在《辛亥年》的历史场景中出现——他们是以平民的身份出现的，因为在那时，属于他们的时代还远远没有到来。他们是这场革命的见证者，有的还以普通革命者的身份参加这场革命。《辛亥年》的开篇，就是从普通人开始的——那个名叫单太和的人，在腊月的寒风中叩开北京外城棉花胡同八条的院门的时候，他不会想到，他给这座城市带来的是死亡的消息。当然，作为一部历史著作，叙述不可能过于鸡零狗碎，这些材料都是为主题服务的。至少在开篇的讲述中，辛亥年春节之前发生在北京寻常巷陌的一连串离奇的死亡事件，对于这个年份来说，是一种强烈的隐喻。

《文学报》：从《辛亥年》自序中可以看到，您去了很多常人无法进入的资料馆进行查阅，也付出了常人所不能的努力。能否介绍一下您查询资料的过程、场所？在此过程中，其中印象最深的一份资料是什么？

祝勇：除了视角（视野）的变化外，我在《辛亥年》这部书和《辛亥》这部纪录片中对历史细节表现出前所未有的苛求。这些细节既包括慈禧这些上层人士，也包括普通的市井平民，比如上面提到的，在辛亥年春节前后那场恐怖的鼠疫中死去的北京市民，个个有名有姓，还有这一年北京市容的变化，还有北京前门大街云公府路东信昌洋行大药房在报上刊登的"起死回生宝丹"的广告，我说："在这座鼠疫威胁的城市里，这则几乎包治百病的宝丹广告看上去更像是一个玩笑。"这些细节都使历史有了生动的现场感。革命也只有回到"语境"中，才显得可信。

历史的复杂性依托于细节存在，而细节，则可以改变许多业已定型的理论或者逻辑。比如慈禧的复杂性，就通过细节真实地透射出来。与许多历史人物一样，慈禧也不是一个"单向度的人"。绞杀了戊戌变法的是慈禧，但仅仅 3 年后（1901 年）启动了大清王朝政治改革程序的也是慈禧，而且这一次政治体制改革，远比戊戌变法更加凶悍和深入。《辛亥年》中有这样一个细节：1904 年，慈禧太后在仔细通读南通士人张謇刊刻的《日本宪法》之后，对枢臣们说："日本有宪法，于国家甚好。"慈禧太后的话，令帝国的要员们面面相觑，哑然无语。

怎么解释？面对历史人物的复杂性，许多人就像帝国的要员们一样哑然无语。我比较得意的一笔，是慈禧去世后，失去慈禧这个保护伞的袁世凯被摄政王载沣罢黜还乡，本来，他的身影就要在历史的聚光灯下消失了。然而，我找到一条材料，却使他沉入历史暗处的面孔清晰地浮现出来——一位名叫海鲁的英国乘客，在火车上刚好坐在袁世凯的对面，仔细观察并记录了他面前这位帝国大员（他一

故宫午门，郑欣淼摄

开始还不知道坐在他对面的就是大名鼎鼎的袁世凯),于是,一个容易被埋没的历史细节浮现出来了,通过海鲁的眼睛,我们清晰地感知到袁世凯在这一重要时刻的表情与心境。

当然,查阅资料的过程是艰辛的。比如我在国家图书馆翻看了大量当年的报纸,一张一张地看,比如《民立报》《申报》《顺天时报》等;在中国第一历史档案馆查阅了许多奏折。但我觉得我做得还不够,中国第一历史档案馆,仅端方一人的档案就卷帙浩繁,没有时间全部看过一遍。我们还对世界上的重要博物馆、图书馆、档案馆进行了"扫荡",比如美国的国会图书馆、法国的阿尔贝·肯恩博物馆等,花了大价钱购买资料。在阿尔贝·肯恩博物馆,仅1909 年的活动影像(当时的纪录电影)就购买了 1000 分钟。因时间所限,有些查阅工作也是通过助手完成的。但最重要的还不是资料本身,而是看待资料的视角。由于视野的变化,许多在传统的历史叙事中不入历史学家法眼的资料,都成了宝贝。一份广告、一纸账单,都会向我们传达历史信息。

《文学报》:有哪些是在书中第一次披露的材料?

祝勇：就不一一举例了。有一则我觉得很传神，是在故宫博物院发现的——20世纪90年代，在故宫英华殿偶然发现了溥仪少年时期的作业本。在一页作业本的边白上，溥仪用铅笔歪歪扭扭地写下这样几个字：姓溥的都该杀。这些作业本现在全部在故宫的文物大库中。这一历史细节是那样生动和深刻，是虚构不出来的。

《文学报》：我对《辛亥》这部纪录片产生了浓厚的兴趣。请您介绍一下这部纪录片的大概情况。

祝勇：两年前，我与北京电视台纪录片导演袁子勇、吴群合作了一部大型历史纪录片《我爱你，中国》，《文学报》对此用整版篇幅作了报道。《辛亥》这部纪录片，是原班人马创作的一部大型纪录片，共10集，投资也过了千万，算是一部大片，预计将在2011年10月10日辛亥革命100周年前后在北京卫视黄金时间首播（具体播出时间待定）。在我看来，这是一支极具探索性的、非常优秀的创作团队，十分默契。我们的历史观，也在这部纪录片中得到充分贯彻。无论内容还是形式，我们都不会重复他人。《我爱你，中国》出来以后，许多手段被其他纪录片，甚至一些重要的纪录片照搬，这次我们要探索全新的艺术形式。我对这部纪录片充满信心。

《文学报》：有这样一种感觉，您的纪录片和自身的文学创作，似乎到了一个互相支持和促进的阶段。这几年来，纪录片创作对您的写作产生了何等影响？

祝勇：早在 2001 年，吴群就计划与我合作一部关于北京历史的纪录片，并完成了全部的剧本创作，这是我参与纪录片的开始。2005 年，我与中央电视台合作，为纪念郑和下西洋 600 周年创作了大型历史纪录片《1405，郑和下西洋》，在北京人民大会堂举行的"郑和下西洋 600 周年纪念大会"上首映，有国家领导人出席。此后又创作了一些大型历史纪录片。

纪录片用画面讲故事，不能像文字作品那样喋喋不休引用史料。影视与文字，是两种思维方式。所以创作纪录片，脑子里首先想到的是有没有画面。有人说我的书里画面感强，不知是我的文字适合影视，还是影视的思维方式渗透到我的文字中。

《**文学报**》：《辛亥年》和《血朝廷》，一部是写实的，一部是虚构的。当然，虚构之中有史实为据，写实之外又以文学进行渲染。两部作品，互相映照着写出一个您认识的、以为的、理解的辛亥年。相对而言，哪部作品对您更具有挑战性？为什么？

祝勇：两本书都有挑战性。这种挑战性是由历史和历史人物的复杂性决定的，表现这种复杂性并作出自己的思考，本身就极富难度。具体地说，《血朝廷》难度在于对历史的想象力，因为小说是在想象中构建历史，在史实的框架内闪展腾挪（不能跟在史实的身后亦步亦趋）；而《辛亥年》的难度则在于要将庞杂的线索、复杂的矛盾在一年的有限时空内表现出来，还有一个难度，是非虚构作品这种文体本身的难度，即：不能虚构，却要表现细节。但无论虚构与非虚构有着怎样的区别，有一点是相同的，那就是对历史和历史人物的关怀,这一点对双方来说都至关重要。对此，我曾在一篇文章里表达过：（文学）不是墓地，不负责陈列尸体。文学版图中的所有居民，都应带有人的光泽，他们死去已久的筋骨,会在工整有致的方形汉字中一一复活。他们衣袂飘飘，话语轻扬、带着各自的生命经验、各自的欢喜与哀愁，隔着时光与我们说话。透过纸页，我们可以感受到他们的呼吸、抽泣，以及热血在血管里汩汩流动。

《文学报》：这两本书中，似乎隐藏着您在写作上的一些"野心"。所以想问您会如何评价这两部作品在您写作历程中的位置？

祝勇：我通过这两部作品验证了自己重新构建历史时空的能力，对此，我的信心增强了。《辛亥年》和《血朝廷》完成后，我准备重写鸦片战争。当然，会与以前所有人写的不一样。

原载 2011 年 9 月 8 日《文学报》

采访者：金莹

历史不是与现实无关的废墟

——与黄兴涛先生的对话

增加了视角，甚至采用了市井平民的视角

祝勇： 今年是辛亥革命 100 周年，各种纪念的书出了很多。年初就开始热炒，用一位学者朋友的话说，已经过度阐释了。到现在，辛亥出版热已经接近尾声，三联书店在这个时候仍然出版我的《辛亥年》一书，我非常感谢。我任总撰稿的大型纪录片《辛亥》也将在明晚（2011 年 10 月 10 日）播出。《辛亥年》的责任编辑张荷说，这本书不是应景的，希望它能成为一部有长久价值的著作——但愿如此——这就要求我们在回望辛亥的时候，具有某种超越性的眼光。

黄兴涛： 的确应该有某种超越性的眼光。至少要有一种超越仅讲表层故事的眼光。有人说历史就是讲故事，可是那些故事的主导者和实践者是有思想的人，他有什么样的理想？带什么样的关怀来参加这个事件？他的理想、关怀和事件的结果是否矛盾？是否实现？为什么能实现或没有实现？用日本汉学家和思想史家沟口雄三的话来说，就是要关心"历史的动力"。如果我们关心这样的问题，而不仅仅是关心事件的经过，我们研究历史就会更深一步。要回答这些问题势必要有历史观，要有见解、有思想，必须对历史作出解释。

祝勇：过去谈到辛亥革命的时候，更多的是从革命史的视野出发，从革命史的叙述框架出发，来重建革命的过程。在这个过程中，以孙中山为首的同盟会、革命党，占据了历史舞台的绝对中心。这并不错，但不完整。辛亥革命是一场巨浪，涉及很多层面，形形色色的人都卷入到这个时代的巨大变迁中来。它不仅是一场政治革命，更是一场巨大的社会变迁。革命者也不是孤立地存在的，而是依托于当时的社会环境存在的。革命纪念馆中一件件失掉光泽的革命文物、革命史的慷慨陈词，储存的仅仅是辛亥革命的部分内容，而不是全部。因此，当我们站在今天的视角上，回望 100 年前那场革命的时候，才能在历史中融入我们今人的思想，使历史不至于沦为与现实无关的废墟。

于是，在《辛亥年》这本书中，我试图从一个 21 世纪写作者的视角出发，重构辛亥革命的历史空间。我所选用的视角，是现代化的视角——辛亥革命，无疑对中国现代化的转型起到了决定性的作用。当然，如同余英时先生在追溯朱熹的历史世界时所说，我们早就知道历史世界已一去不返，没有人具此起死回生的神力了。然而不可否认的是，一直到目前为止，这一重构的理想仍然诱惑着绝大多数的专业史学家，甚至可以说，这是他（她）们毕生在浩如烟海的史料中辛勤爬搜的一个最基本的动力。

黄兴涛：刚刚祝勇说过去研究辛亥革命比较关注革命党、革命阵营，而对"反革命阵营""旁观者阵营"，还有其他各种各样的阵营，他们的思想、情感、命运关注得不够。这样就使我们对那个时代和那个事件本身的认识缺乏厚度。我们中国人民大学清史所明年有一个国际学术会议就叫"清帝逊位与民国肇建"。大家知道清帝逊位与民国肇建这都是辛亥革命的组成部分。为什么逊位？怎么逊位？过去这方面我们研究得不够，祝勇还提到要更多地关注皇族的命运，这都是很好的观点。

祝勇：高全喜刚刚出版一本《立宪时刻：论〈清帝逊位诏书〉》，就是专门谈论这个问题的，算是填补了空白。他认为，在走向共和的历史关头，现代中国的立国基础并不单纯是辛亥革命那种激进主义立宪精神，它的另一个精神基础体现在《清帝逊位诏书》中。作者认为，《清帝逊位诏书》虽然不是一个形式完备的宪法文本，但它无疑具有了宪法的精神。对此固然见仁见智，但当我们把注意力都投向辛亥革命 100 周年的时候，适当关注清王朝的和平退位及其给民国留下的巨大遗产，包括一个庞大的国家版图、已经成型的法制建设等，或许会给我们观察历史增加一个维度。

黄兴涛：这些天与祝勇聊天的时候我也提到，我们对于满洲贵族群体在辛亥革命前后或者新政以来是什么样子，他们关心什么，面临什么样的困难等方面的研究真是很少。1910 年，"怪杰"辜鸿铭写过一本书叫《清流传》，又名《中国牛津运动故事》，书中就提到满族是中国的贵族。他认为中国有三个阶层，一是贵族，一是文人士大夫，一是民众。贵族是要承担规划或引导社会道德发展的重任的。在他看来，满族尽管那个时候不怎么样了，却仍然是贵族，是中国社会发展所需要的，不可缺失。当然，他同时也尖锐地批评了端方、铁良、摄政王等满人高官，还批评了袁世凯、张之洞等汉官。辜鸿铭是当事人、当时人，他的观点虽然保守，甚至有点机械，但做他那样的评价也是需要多方面勇气的。谈当代人、当代事不避讳，而且他一直不剪辫子，是很有个性的人物。我想说的是什么意思呢？满族作为一个群体在当时中国的社会，中国的士大夫都关心，都愿意给予整体的评价和整体的认识，我们今天为什么还不做这样的认识呢？今天的确是缺失这方面的认识。祝勇的书中努力反映了满族贵族，特别是上层贵族——皇族的心态、思想、感情，使他对辛亥革命的历史空间的重构具有了厚度，这是很好的。

祝勇：您刚才说到皇族——一个被排除在辛亥革命的传统叙事之外的政治群体，我再谈一谈立宪派。歌颂革命派，并不等于一定要妖魔化立宪派。当年革命派是在打击立宪派的基础上发展起来的，但是 100 年已经过去了，我们的目光也应该有所调整，把立宪派、改良派推到革命对立面，甚至有人批判梁启超的所谓"反动思想"，反映出一些学者仍然习惯于非此即彼的二元思维模式。立宪派在清末改革的制度建设方面，对中国现代化转型的过程起了一定的作用。

在这个过程中，有几个人是不能不提的。首先是梁启超。梁启超主张立宪，以和平方式平稳过渡，把中国从传统的帝制社会和平地过渡到近代的君主立宪制。梁启超反对流血革命，他认为流血代价太大，可以以和平的方式促进进步。但是以孙中山同盟会为主的革命党反对梁启超，甚至张群辩论不过还跑到梁启超那儿打了他几个耳光。

还有端方。与"体制外"的梁启超相比，端方是政府要员，是开明官员，早从 1902 年起，先后在湖北巡抚、两江总督等任上，他就利用职务之便，实实在在地推进着中国的现代化转型。比如说端方创办了中国历史上最早的现代幼儿园，湖北、湖南、江苏第一个现代公共图书馆，江苏境内第一座无线电通信台，两江境内第一座现代市民公园。最早实行公费女子留学的，也是端方。这些在当时都是开天辟地的。政治建设层面，早在 1901 年 4 月，他就提出了改造中国的方案《筹议变通政治折》，比张之洞、刘坤一还要早。1905 年他到西方考察宪政回来，给慈禧上奏折，要求政治改革，言辞激烈，比康梁变法有过之而无不及，他说："20 世纪之时代，断不容专制之国更有一寸立足之地。"端方推动了一系列法制建设进程，他为中国现代化的转型作出了很大的贡献。革命可能在一夜之间成功，但制度建设是需要一点一滴做起，就像盖大厦一样。当然在当时狭窄的政治空间内，立宪派自然会成为革命派的敌人。所以武昌起义之后，端方的头被起义军割下来，而起义军就是他手下的新军。新军是帝国的部队，是大清帝国的正规军，很多人是端方一手培养起来的。革命能够在湖北率先成功，也与端方所营造的开放空气不无关系，而他恰恰死在革命者的刀下。端方在临死的时候对那些起义的士兵说：我平日待你们不薄，能不能手下留情？但起义士兵说：你对我们都不薄，但是这是你个人给我们的恩惠，我们现在要杀你则是出于公义。我觉得端方是一个悲剧角色，在这本书中，我个人的想法对视角有所调整，对更多的人有同情，用一种更宽容的视角看待历史。

关于辛亥革命，章开沅先生在 20 世纪 80 年代就认识到对辛亥革命认识的诸多缺陷，他曾经写下《辛亥革命史研究中的一个问题》一文，指出"我们三十年来对辛亥革命史研究的论著大多侧重于政治史，而政治史的研究又很不全面，注意力往往多是集中在少数革命领导人身上。这样，自然就很难进一步扩大研究领域，也很难探索新的课题，从而限制了辛亥革命史研究的广度和深度"。在 20 世纪 80 年代，章先生就已经意识到这样的问题。

黄兴涛：20 世纪 80 年代对辛亥革命有很多很好的研究。章开沅先生在 1983 年写过一篇《就辛亥革命性质问题答台北学者》。大陆学者大多认为辛亥革命是一次资产阶级领导的革命。但这个观点台湾学者不同意，认为是全民革命。美国学者认为不能叫全民革命，而是士绅革命。章先生从唯物史观的角度一一进行了回应，他论证了为什么要做阶级分析，你可以不用"阶级"这两个字，但社会有不同的集团，因此就要做这方面的分析，如革命结果到底代表了哪个阶级的利益，当时社会到底哪个阶级、阶层处于先进的地位，等等，章先生做了很好的分析，他当时的分析现在看来也很有水平。他是很有理论修养的学者。金冲及、李文海等先生，也是如此。当然这也提示我们，对辛亥革命这样的事物究竟该如何定性，还可以讨论。阶级分析是否就是唯一的定性方法呢？比如一个人是学者，也是父亲，也是对社会有责任感的公民，可以从不同的角度定性，辛亥革命我们是否也可以有别的角度的定性？当然阶级分析是很重要、很有意义的分析，但恐怕也还可以有别的视角。

现在我们会把辛亥革命作为整体来看，但它经历过一个较长的时间，各个阶段的特点也有所不同，我们是否可以从更多角度进行分析？毫无疑问的是，辛亥革命的实际历史可能比现有的"定性分析"要更为复杂一些。

祝勇：我们说辛亥革命是资产阶级革命，但当时中国到底有没有资产阶级？有多少资产阶级？中国的手工业情况是怎样的？纳税人有多少？这些搞清楚了吗？很多都没搞清楚。章先生早在 20 世纪 80 年代就认识到这个问题，同样在《辛亥革命史研究中的一个问题》一文中，章先生提到，在 1903 年初《湖北学生界》第 1 期发表的《湖北调查部纪事叙例》中，拟定的经济调查项目多如牛毛，包括生产、分配、消费、岁入、岁出、积储，等等，非常详细；在同年春《浙江潮》第 2 期刊登的《浙江同乡会调查部叙例》中，仅社会一类的调查项目，就包括户口、民智、人民强弱、地方贫富、人民生计、风俗、望族、富户、地方自治、家族自治、善堂义举、秘密会社，等等，为我们提供了丰富的社会信息。20 世纪 80 年代是中国改革开放的起步阶段，辛亥革命史的研究实际上也从那时真正拓宽视野。以后的 30 年，随着学术国际化接轨，一些西方的研究方法开始介入中国历史研究和辛亥革命史的研究过程中来。比如说经济学、人类学、社会学，以及各种交叉学科研究角度，使辛亥革命研究更加丰富，我们应该站在更加丰富的视角看待辛亥革命。这方面的进展，包括饶怀民的《辛亥革命与清末民初社会》、严昌洪的《辛亥革命与 20 世纪中国社会》、薛君度等主编的《近代中国社会生活与观念变迁》等。我在写《辛亥年》的时候，尽可能地想站在更广阔的角度认识辛亥革命，尽管有些材料很细小，尽管《辛亥年》不是理论著作。

我采取了《万历十五年》那样用一年作为断面，因为那一年冲突太大。但我增加了视角，甚至采用了市井平民的视角，为此看了大量的史料，包括当时的报纸，这样才有可能真正认识辛亥革命，认识那个年代。

立宪和革命的关系并不是简单对立的，
而且是不断变动的

黄兴涛：祝勇刚刚讲到了革命史观和现代化史观，我觉得两者在内容上也并不必然矛盾，就像立宪和革命的关系一样，新政搞到一定程度之后怎么搞？慈禧问张之洞和端方，张之洞和端方都说要立宪，说立宪可以避免革命，立宪的提出其实也是被革命激发的。但立宪加快脚步后，带来了一系列的问题，以至于汤化龙这样的议长都直接革命去了。君主立宪和共和立宪都是立宪，至于要不要皇帝对于"立宪"来说其实并不是最重要的，尤其是当立宪派心中的好皇帝——光绪不在以后。所以很快君主立宪就转化为共和立宪，这样的转变有其内在的思想原因。这种错综复杂的关系，表现在理念上，就是上述这样的关系，至于实践中就更复杂了：一旦改革立宪，社会要动荡，利益要重新分配，这样的动荡会加速一系列革命选择，给革命创造机会，这些都是大家熟知的。革命和立宪的实际历史关系是如此复杂，我们同样也可以这样理解革命和现代化：现代化的政治目标就是立宪，而革命的目标共和立宪，当然也就是政治现代化。

祝勇：现代化有很多标准，它的政治标准就是立宪。一个国家有没有宪法，是政治现代化的最硬的标准。

黄兴涛： 革命与立宪二者的目标有冲突，也有一致的地方，有时互相激发。所以谈端方等人对新政的努力和贡献，我当然同意你的看法，他们确实做了有利于现代化转型的事，但同时也做了一些不利于现代化的事。我想不能只看问题的一面，否则革命就不会发生了。既想改革，又怕改革违背自身根本利益，但迫于革命形势，又不得不勉为其难地去仓皇改革、被动应对，所以常常顾此失彼，这就是当时清末最高统治者的真实心境和情态。人们常说，清末立宪乃"欺骗"民众，这样说可能还高估了统治者的从容和狡诈，实际上他们更多的是一种狼狈不堪的"自欺"而已。张之洞有一首诗叫《惜春》，晚年写的，很值得玩味。诗云："老去忘情百不思，愁眉独为惜花时。阑前火急张油幕，明日阴晴未可知。"这里所惜的"花"可能是儒学、国粹，也可能是大清政权及其相关的一切。可见他对新政、立宪种豆得瓜的可能结果并不是毫无预料的，但他又没有能力找到"两全之道"，所以困惑、无奈。为什么辛亥首义会发生在武昌呢？有遗老在清廷灭亡后"追踪祸始"，就群起攻击张之洞种豆得瓜：黄兴等大量留学生是他派出去的，变成革命者了；咨议局是他赞成的，结果汤化龙这样的人变成革命者了；新军是他率先参与创建的，却变成了革命主力。所以历史关系要放到历史的场景下看。写作时要避免简单化，要放在具体时间中分析。我当然感觉到你那样写、那样强调，是有意想纠正一下那种认为革命对立面的活动，比如新政、立宪都完全不可取的观点，这点我可以理解。

祝勇： 20 世纪 90 年代有一本书叫《中国人的精神》，是辜鸿铭写的，也是兴涛兄翻译的，影响很大。它对我们了解辜鸿铭有帮助，而辜鸿铭的其他书，如《清流传》，对我们认知辛亥革命和新政史，也很有益处。1905 年是中国历史非常重要的年份，某种意义上可能比 1911 年的重要性还大。罗兹曼（GilbertRozman）在他主编的《中国的现代化》一书中写道："1905 年是新旧中国的分水岭。它标志着一个时代的结束和另一个时代的开始。它比 1911 年革命更具有转折点的意义，因为它开启了一系列的变革，这些变革引发了制度的结构性的变化……"

1905 年有两件大事，第一是孙中山在日本成立同盟会，第二是端方率领中国考察团去考察宪政。因为宪政要进入实质操作阶段，政府要干这件事了，但中国人没有人懂宪政，1905 年同盟会成立，同时清廷派出立宪考察团，这一天开始立宪和革命就开始了竞赛。我同意兴涛所说，革命与立宪是一个相互激发的过程。为什么呢？没有革命就不会有立宪，慈禧问张之洞和端方如何避免革命，答案就是立宪。1909年各地议会（除新疆）都成立了，这是中国人民第一次民选，中国人民第一次有了投票权，议会开始正经管理当地的事情，井井有条，秩序不乱。中国历史上老百姓手里第一次握了选票，无论选票的真假，而且选票基本是真的。这时候革命已经进入了低潮，革命过程中，双方此消彼长，最后1911年立宪跑输了。但革命和立宪是非常复杂的关系，比如刚才提到梁启超是坚决反对革命的，孙中山想拉他入伙他坚决不干，因为反对流血，中国已经够乱了，不能再流血，如果再流血这个国家就完蛋了。而且他给革命开出了一个公式"革命→动乱→专制"，他认为革命导致的唯一结果是社会大动荡，新的强势出现产生更加强大的专制，20世纪的历史几乎验证了梁启超的预言，所以梁启超认为革命解决不了问题，只有制度建设才可以。但辛亥革命之后梁启超投入了革命阵营，因为他认为现在已经没得选了，所以在张勋复辟的时候，他是最反对的。否则解释不通，梁启超那么主张君主立宪，张勋复辟不是正合适吗？康有为就支持张勋复辟，康、梁师生二人在这个时候反目成仇了。就是因为梁启超反对君主立宪了，也参加民国的新政府，并在其中担任了部长。立宪和革命的关系并不是泾渭分明的，而是不断游动的，很多立宪派最后都成为革命派的主流，包括革命临时政府成立以后，很多省里的负责人都是省咨议局的领导，立宪和革命之间有竞赛，互动的竞赛促进了辛亥革命的爆发。另外无论是君主立宪还是共和立宪（孙中山的立宪是共和立宪），比起原来的皇帝专制都是进步，都是在推进中国的强大和推进中国现代化的进程，所以无论谁胜利都是推动中国的进步。辛亥革命从某种意义上讲，可以理解为当时各种政治力量产生合力的结果，并不是革命党的一己之功。

黄兴涛：的确是合力，但就辛亥革命那一年来说主要是革命党和立宪党共同互动、共同推动的结果。我同意从某种意义上说，辛亥革命的结果主要是革命派和立宪派的合力作用这种说法，但我认为同时也还应强调"革命派"一直为主导性力量的那一面，这样说就更完整了。中国社科院近代史所的马勇先生认为，"妥协"也是辛亥革命的一大遗产，就避免更多的流血一点而言，甚至还超过法国大革命。他的具体表述或许还可以推敲，但就辛亥革命爆发后革命派和立宪派乃至清廷三方的互动关系而言，也并非毫无道

理。最近看高全喜教授那本书《立宪时刻》，他认为民国
建立，涉及两个具有宪法意义的文本，一是《临时约法》，
一是《清帝逊位诏书》。这也很有意思。《清帝逊位诏书》
是袁世凯和张謇等人搞出来的，他们都是立宪派和赞成立
宪的官僚，所以袁世凯民国后总不愿意讲革命者的功劳。
立宪党人确实参与了辛亥革命，而且影响了辛亥革命的结
局。刚才祝勇说实际上辛亥革命中，很多各省负责人都是
立宪党，很多人后来又变成了革命派，的确如此。关于立
宪派与辛亥革命的关系，老一辈学者林增平先生其实已有
过很好的研究，他认为立宪派是"附从"革命派，不是"主导"
力量，但后来也有破坏革命、引导革命向他们的愿望发展
的行为。老一辈学者有他们的历史观，讲得也很严谨，值
得尊重。但孙中山让位，是因为革命党希望尽快有一个结
果但又没有财政实力。这本书里祝勇写到了，我觉得很客观。
革命党当时有一个认识和策略，就是把权力先让给袁世凯，
这是当时情况下最好的结果。

祝勇：吃小亏占大便宜。

黄兴涛：孙中山让位给袁世凯，有被动的一面，更有积极

主动的一面，它反映了孙中山无私的革命情怀和实事求是的革命策略。他的考虑是，先把制度建设起来，把招牌立起来，以后事情就好办些。过去我们总是批评孙中山此举太天真幼稚，总是埋怨民初的民国有名无实，仅沦为"一块招牌"。但历史证明，有没有这块招牌可大不一样，过去我们太小看这块招牌，恐怕确实要认真对待。早在 20 世纪 90 年代末主编的《中国文化通史·民国卷》里，我就曾反复强调"民国"这块招牌的意义。如果我们足够充分地认识到这一点，就应当正确评价立宪派在这个过程中的作用，也绝不应忽视袁世凯在其中的独特作用。甚至对于南北和谈中袁世凯的代表唐绍仪的贡献，也应当给予更多的关注和积极的评价。祝勇的《辛亥年》里，对此就有较多的反映。不错，袁世凯有自己卑劣的动机，但要把他在辛亥革命中的表现和后来复辟帝制分开，这之间有联系，但也不能混淆起来。要看袁世凯如何理解立宪和共和，不能单纯从人物的心理动机来分析。

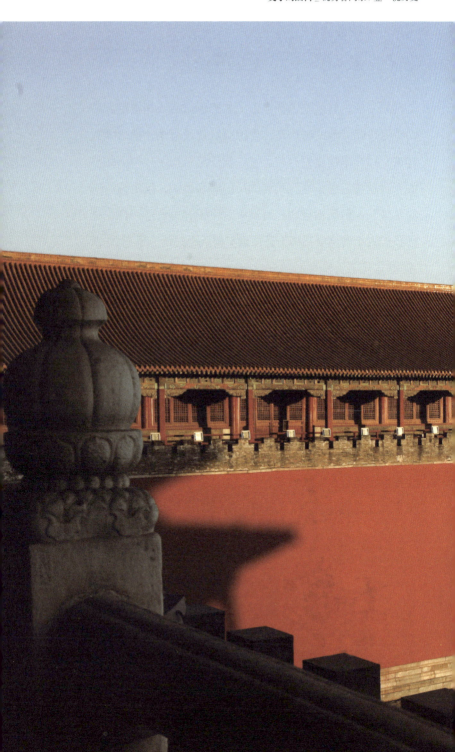

故宫午门雁翅楼，郑欣淼摄

研究一下慈禧的知识结构，也是很有意思的事情

祝勇：那天我给兴涛打电话，他提出了一个非常有意思的问题，就是形成合力应当有一个共同的知识背景。这个知识背景，也就是能够跨越当时社会各界的一个知识共同体是怎么形成的。只有共同的知识储备才有可能形成对话，无论他们赞成什么、反对什么，他们的概念是一样的，才能赞成或反对。要知道，伴随中国现代化转型的，是大量新名词的出现，如果连一些基本概念都不知道，就没办法形成对话。从知识结构入手真是非常好的角度，那天我们通的电话让我有豁然开朗的感觉。

黄兴涛：我这些年从事研究，很多精力就是做这些事。清末民初我们得到了哪些新知识，这些新知识如何从精英阶层到民间？我提出了现代众多新概念，人文社会科学、自然科学的概念体系的形成就是在清末民初，主要是辛亥革命时期，它们大部分是从日本来的。字典上有 800 多个，

考虑到很多前缀、后缀的新造词，可能从日本借鉴的还更多。

祝勇：这些概念在我们传统的词汇里，经史子集里大部分是没有的，比如哲学、政治、经济、军事，都没有。

黄兴涛：共和、革命、改良、立宪都是。我看你的书里特别提到了"中华民族"这一概念的出现，但远远不够。如果说你的书有什么遗憾，我觉得这是其一。你可以补充很多有趣的事，而且很多事是值得反思的。革命派、立宪派，甚至清廷官员、皇族，甚至慈禧这样的最高统治者，他们和革命派分享共同的知识，这些知识也是我们近代、现代的新知识，我们研究辛亥革命一定不能忽略。我刚开始讲，要考虑故事背后那些人的关怀和他们的修养、他们的背景，我想这点在其中很重要。

祝勇：您抓住了很关键的问题，这也恰恰是容易被忽视的问题，只讲革命派和立宪派之间纵横捭阖的关系，那革命和立宪的词从哪儿来的？对革命的认识、立宪的认识从哪儿来的？传统科举中是没有的，这是最重要的问题，反而被学者忽视了。

黄兴涛： 大家都知道陈建华《"革命"的现代性：中国革命话语考论》这本书，书中对"革命"概念问题有深入的研究。其实最先引进现代意义的"革命"概念并使之有所传播的，并非革命派自身，而恰恰是改良派代表梁启超。

祝勇： 这再度证实了刚才讲到的，革命与立宪之间纠结复杂的关系。

黄兴涛： 梁启超认为革命就是大变革、大改革。所以他才提倡"诗界革命""史界革命"等。现在"革命"和"改良"的含义似乎天然对立，确切不疑，而当初却并非如此。后来，梁启超与革命派论战，公然反对"革命"。革命的那种通过暴力推翻现政权的含义才凸显出来，这才使得梁启超等立宪派人士开始忌讳"革命"一词。但该词的"大变革"含义却也同样保留下来，无法消弭。非常奇怪的是，清政府及其官员，在正式的官文中，后来也无意识地、多少有些被动地称革命者为"革命党"，而并不都是称之为"乱党"。这不等于在某种意义上承认了他们自我"标榜"的活动与动机的合法性、合理性了吗？即便纯从"汤武革命，顺乎天而应乎人"的传统话语角度来讲，也难免会有这样的效果，何况陷入现代"革命"话语的网罗而不自知？！这也可见辛亥革命时期那些新概念、新知识的力量和微妙的政治作用之一斑。

我们还可以用"改良"一词的故事说明这一点。"改良"这个词怎么来的？当时《时务报》上的"东文报译"栏请来一个日本汉学家古城贞吉帮忙，是他率先使用了"改良"一词，也就是说该词是从日本传来的。而在戊戌时期，中国人里则康有为用得较早较多。所以称康有为等人为"改良派"很合适，这也符合戊戌时代的时代精神。当时"改良"在新派那里是好词，但不合乎汉语传统的"改"字构词法。所以端方开始时曾加以反对，说这个词不通，辜鸿铭也反对这个词。传说中，满人大臣铁良和良弼也都讨厌这个词，但理由却不同。中国传统只有"改革""改造"这样的动词并列结构的构词，或动宾结构的构词。像日本"改良""（大化）改新"这样动补结构的词很少见。民初时，辜鸿铭还大骂"改良"一词不通，说中国人都说"从良"，不说"改良"，你既然已经是良了，还改什么？你要"改良为娼"吗？实际上，到了"五四"时期"改良"才成为针对革命的贬义词，认为"改良"不搞暴力推翻，枝枝节节。"改良"从褒义到贬义的转变，"革命"从"大变革"到与"暴力崇拜"的含义交叉，从知识的角度也能反映历史的进程或者历史的某些复杂变化。革命派和立宪派、改良派不是自始至终就是完全的绝对对立，他们不仅有共同的知识背景，还有共同的思想关怀。

革命不只是暴力层面的意思，不是简单的改姓换代，而是共和立宪，或者共和代替专制，这是辛亥革命重大的历史意义所在，不是传统的王朝更替而是政治制度的根本变革，即政治现代化的实现，至少在形式上为其实现创造了条件。刚刚祝勇讲得很有道理，辛亥革命时期的现代新知识，包括新的政治知识、经济知识、文化知识、学科知识非常重要。实际上，知识革命或者说知识的"革命性"变革，乃是辛亥革命真正发生的思想文化背景。我觉得过去写辛亥革命史，这方面研究还是有不足，应该继续挖掘和揭示。

祝勇： 兴涛这么多年一直从事概念史研究，这方面的研究近年渐热起来，也是找到进入历史非常好的渠道。而且这些新词很多都是梁启超跟革命派在日本辩论时大规模使用的，从梁启超这儿出来的。

黄兴涛：也不能简单说是从梁启超这儿出来的。因为当时留学日本的学生很多，革命派、立宪派混杂在一起，有各种的派，但他们都享有共同的话语。可以看戊戌前后的文献，戊戌后的文献从用语上和现在很相似，已是"现代"话语和表达方式，而此前则不同。所以我们研究辛亥革命、戊戌变法的时候，甚至"五四"的时候都不能忘记这种知识和背景状况。你写故事是为了好看，但如果把孙中山先生的三民主义以比较生动的方式反映出来，能融入进去也许会更好，因为这毕竟是革命的纲领。有人说孙中山是资产阶级，有人说不是，他提出了社会主义，他要讲社会革命，政治革命就是共和、立宪代替专制，社会革命强调的是经济平等，孙中山为什么和共产党合作就是因为有这些理想的东西。你不能说这些关怀没有影响革命。因为孙中山是知识分子，他尽管代表当时的资产阶级，但他又超越了资产阶级。我们讲有时候决定一个人的特质不仅仅是一个阶级的因素，还有他的教养和各方面因素。所以我讲要想把历史写活，不是用概念化的东西去套它，而是要关心它主张什么、提倡什么和知识结构。这些和你的故事结合可以更进一步增加思想内涵。以后如果《辛亥年》修订出版，建议这部分东西可以更生动、简洁，用更有张力的形式更多地反映出来。

祝勇：研究一下慈禧的知识结构，也是很有意思的事情。慈禧尽管从小受父亲影响，读过一些诗书，但毕竟是家庭妇女，据说还时常写错别字，可是慈禧后来又是如何形成立宪的知识结构的呢？

张朋园先生说过这件事，他把近代国人对于西方的认识分成四个阶段，第一阶段从 1840 年到 1870 年，林则徐编译《四洲志》、魏源写《海国图志》等，其中涉及一些西方宪政的思想。当时英国是我们的敌国，不能把敌人说得太好，这是中国的惯例，在当时也不例外。所以他们比较收敛，影响也比较有限。第二阶段从 1870 年到 1895 年甲午战争失败，代表人物是王韬，强调"君民一体"。第三阶段从 1895 年到 1905 年，胡礼垣、黄遵宪、宋育仁、梁启超等纷纷登场，开始强调"民权"。1905 年以后是第四阶段，随着宪政启航，戴鸿慈、端方、载泽等人著作的刊布，以及前面提到的以章士钊为首的革命党理论家与以梁启超为首的立宪派理论家的论战，大量的西方政治学概念迅速覆盖了当时的知识版图。

传播的载体，第一是晚清知识分子的专著，像刚刚提到的这些；第二是在中国发行的西方报纸，比如西方传教士办的《万国公报》，上到皇帝、下到知识分子都看这个报纸，康、梁办《时报》也是模仿的这张报纸；第三，总理各国事务衙门成立以后，中国出去的人越来越多，官员、使节回来带来一些信息，这些信息从慈禧到皇帝到知识分子是共享的，这些都对形成共同的知识结构起了很大的作用。

黄兴涛：大规模的新知识进入还是辛亥革命时期。刚才祝勇谈到 1905 年有两件大事。其实还有一件大事也应当提到，那就是 1905 年废除科举。科举的废除是一个大事件，它断了传统士大夫的后路，使得那些清王朝传统统治得以维系的主体迅速发生分化，大量转化成学习西学新知的留学生、学堂学生，然后变成立宪派和革命者。这也是讨论辛亥革命时期新知识、新话语形成的一个重要的制度背景。无论是谈立宪还是革命，都不能忽略。事实是简单的，但事实背后的逻辑是非常复杂的。

祝勇：刚刚说了很多立宪派的好话，有读者会问清末改革力度这么大，为什么清朝还是垮台了？清朝垮台的原因特别多，很多原因凑在一起，就是说到半夜也未必说得完。第一是慈禧去世后，载沣执政，过于求稳定。他觉得国家特别乱，各方面的枝节线索非常多。他有一个口头语叫"照例"，对于各种重大和不重大的问题都不表态。甚至有人弹劾官员，他跟人家说身体怎么样，天气怎么样，王顾左右而言他，就是不谈政治。他是在求稳，稳定压倒一切，但他稳定的思想带来的恰恰是不稳定。因为整个社会在变，政府的原地不动就意味着倒退。清政府认为做出了很大的改变，皇帝已经被分权了（地方议会），这是中国历史上前所未有的。清朝政府认为改革力度已经非常大，民众不应该有什么怨言了，但没想到民众的要求更高。第二是改革有一种递减效应，政治体制改革进行得越晚，效果就越差。晚清新政立宪的力度从某些程度上超越了戊戌变法，实践上已经大大向前走了，但太晚了。那为什么不早来呢？政治改革往往是这样，不逼到节骨眼儿，不会向前推动，但真逼到节骨眼儿上就一切都来不及了，这是一个悖论。清朝的灭亡就证明了这一点。

黄兴涛：我们认为清朝垮台是一个具有"革命性"的政治

变革。但如果皇帝还在，政治变革也变了，也就是"君主立宪"实现了，那还是原来的清朝吗？应当也不是了。清朝灭亡，说的是作为中国历代封建王朝的一个。如果在他的朝代里完成了现代政治转型，变成了立宪国家，真不知还该不该继续称之为"清朝"。我的意思是说，无论是君主立宪实现，还是革命立宪即共和立宪成功，都将实现对传统封建王朝的革命性"推翻"。所以，辛亥革命的结果，某种意义上说实际也是立宪运动的一种逻辑结局。

立宪运动没有保住宣统皇帝的地位，就这点而言是失败了。

另外，关于政治体制变革对于"王朝统治"的风险性问题，也值得一说。实际上改革一旦发动，特别是政治体制改革的步伐一旦真正迈开了就刹不住。很多哲人已经讲过，改革往往是改革者自身要走向他某些愿望的反面。清末的改革值得总结的问题很多，民初遗老不少人就认为清末新政特别是立宪改革加速了清朝的灭亡，但实际上清朝归根结底还不是亡于改革，而是亡于改革没有很好地有效地进行。任何真正的改革，都会有风险，关键是要清醒地意识到风险，并争取做到未雨绸缪。其中很重要的一点，就是必须及时调整和尽快满足广大民众即主要改革受益者的政治预期。比如预备立宪，最高统治者到最后还是不愿意放弃满洲贵族的特权，而那时候人们的期待已臻绝顶，"皇族内阁"给立宪派造成的失望是巨大的，而这一失望所导致的"连锁反应"，诚如后来人们所分析的那样，它加速了清王朝最后的土崩瓦解。当然，革命的问题很复杂。从革命自身来说，也存在革命者有时在具体行动中有可能忘记了革命的最终政治目标，而只是把推翻清朝作为目的的情形，特别是当"革命成为职业"的时候。但这不能代表全局。我们研究革命史，研究辛亥革命，要抓住本质，抓住主流，研究立宪都一样，关键的是我们要看当时的人做了什么，有什么样的理想，他们之间是什么样的关系，这个回答可能留给我们今人更多的东西，这就是我建议除了讲事情以外，也要在过去讲过的基础上更多地讲理想，讲关怀，讲悖论，讲矛盾，讲一切能从且需从历史中获得的智慧的原因。

祝勇：事实是简单的，但事实背后的逻辑是非常复杂的，一时也是很难理得清楚的。尽管我现在出版了这本书，尽可能想理清那时候的逻辑关系，在各个不同的孤立的事件之间找到它们之间的对应关系，体会到当时人们的内心情感和纠结，但真正做到这点是非常难的。

黄兴涛：我觉得祝勇做得已经不错了，任何研究和探索都是阶段性的，我们也没能力一次性把事情做得圆满。所以我刚刚强调我们对历史和历史研究都要有敬畏之心，就是因为我们的能力有限。认识到这点不是谦虚，而是无奈。

原载 2011 年 10 月 9 日《北京晚报》

一百年前的抉择与一百年后的态度

——答《中国青年》记者问

《中国青年》：今年（2011 年）是辛亥革命武昌首义 100 年，明年（2012 年）是清帝逊位暨中国最后一个封建王朝灭亡的百年，在这个历史节点上，您相继创作了讲述清朝最后 50 年沦落的长篇历史小说《血朝廷》（上海文艺出版社）和记录辛亥历史的《辛亥年》（生活·读书·新知三联书店），以及大型历史纪录片《辛亥》（北京电视台），被誉为此间最成功的影视作品。关于这段历史，您怎么会有如此强大的言说冲动？

祝勇：首先是历史对我具有恒久的吸引力。现实生活固然丰富，但我以为人类所面对的境遇是有限的，今天所面临的诸多问题，历史上都曾面对过，只是因为我们对历史无知而浑然不觉罢了。我们总以为历史是从自己手中开始的，实际上历史早就开始了，历史远比某一个人更伟大。这是我关注历史的原因。

其次是在所有的历史中，我更喜欢清代，尤其清末，因为它的层次立体而丰富。李鸿章对清末的定性已成经典："三千年未有之变局。"这样的大变局，即使在今天看来，也异常壮烈，令人血脉偾张。他们是我的祖辈，我要与他们每一个人对话，想知道他们每个人面对这样的变局时的困惑、彷徨、抉择、呻吟、呼告、呐喊。

《中国青年》：读《辛亥年》，无论是历史中的人，还是历史缺憾，都能读出你的理解与宽容。是什么让您在冷冰冰的历史中体味到温度？

祝勇：我是把每一个历史人物当成当代人来写的。我认为他们并没有死，而是以这样或者那样的方式活着，如果我们足够敏感，我们就能与他们对话。

我曾经不止一次地表达过，辛亥革命的成功是社会各阶层合力的结果，如果朝廷没有把原本支持它的立宪派推到对立面，使得以士绅阶层为主的立宪派最终倒向革命，武昌起义就不会成功，就会像以往的历次起义一样无疾而终。因此，当我们回首那段历史的时候，我们的敬意不应当只留给革命党，也应该留给民间的士绅阶层，留给朝廷内部的改革派，留给每一个有强国梦想的人，不论他们的强国之梦，是通过革命，还是改良、立宪的方式实现。后来我读到学者高全喜在评论后者时说"这个基于变法改革的君宪建国路线同样是中华人民革命建国的一个有机部分，不是中国革命的补充或陪衬，而是革命建国的另外一个主体力量"，觉得找到了知音。他还说："改革也是一场革命，改良主义之制宪也是一场革命，甚至'逊位'也是一场革命。"①除了卖国，每个人的抉择都是令人尊重的，包括隆裕。在宣布皇帝退位诏书时，她特别强调"合满、汉、蒙、回、藏五族领土为一大中华民国"，将一个完整的国土交到民国手上，哪里有卖国可言？除此，她在退位诏书中还一再强调"共和立宪国体"，强调"人心""天命"。因此，我们不能再依据狭隘的成败论的观点，把他们当作对立面来看待，而是对他们每个人所做的艰难抉择心怀敬意。当我们隔过 100 年的时光回望他们的时候，应当把他们当作朋友，而不是敌人。

①高全喜：《立宪时刻：论〈清帝逊位诏书〉》，第 54 页，桂林：广西师范大学出版社，2011 年版。

《中国青年》：车站、船票、背影……《辛亥年》的很多章节都是以这样的细节命名，似乎您对历史细节尤为关注？

祝勇：历史存在于细节之中。大的历史视界，如果失去了具体细节的支撑，就没了根据，没根据的结论就容易被理解成谎言。历史是通过细节还原的。只有通过细节，才能尽可能地还原前人所置身的历史环境。比如，在拍摄纪录片《辛亥》的时候，我和导演一起去国家图书馆查阅清末报纸，不仅看头版头条，连细枝末节也不放过，包括当时报纸上的广告。如果不是目睹当时的报纸，我们很难想象，清代的主流媒体，如《申报》《顺天时报》等，广告充斥，一派商业社会的繁荣景象。对于某些历史学家来说，结论是主要的，依据是次要的；而对于我来说，依据是主要的，结论则并不那么重要，只要呈现恰当的细节，每个人的心里都会形成自己的结论。

《中国青年》：写一部非虚构作品，重构历史，重构历史人物的心灵世界，困难在于什么？您感觉贴近人物内心的把握有多大？

祝勇：这是一场困难的叙述，正因为困难，才有价值，才令人兴奋不已。最大的困难在于，我们已经不是那个时代的人，所以很难了解那个时代的人了。刚才我强调的细节，正是试图拼贴出那个时代的图景，尽管是不完整的图景。所以在选择和使用史料的时候，我力求做到"细致入微"。余英时先生在《朱熹的历史世界》一书的自序中所写的那段话，我已经多次引用过，在这里再重复一遍："我们也早就知道历史世界已一去不返，没有人具此起死回生的神力了。然而不可否认的是，一直到目前为止，这一重构的理想仍然诱惑着绝大多数的专业史学家，甚至可以说，这是他（她）们毕生在浩如烟海的史料中辛勤爬搜的一个最基本的动力。史学家诚然不可能重建客观的历史世界，但理论上的不可能并不能阻止他（她）们在实践中去作重建的尝试。这种尝试在一个清醒的认识之上：历史世界的遗迹存在传世的史料中，史学家通过以往行之有效和目前尚在发展的种种研究程序，大致可以勾画出历史世界的图像于依稀仿佛之间。同一历史世界对于背景和时代不同的史学家必然会呈现出互异的图像，因此没有任何一个图像可以成为最后的定本。"[1]他的话一针见血地道出了历史叙述者的悖论，但是，只要我们心怀宽容、公正之心，设身处地地关怀那些历史人物，而不是不分青红皂白地一味批判，人云亦云不求甚解，我们或许就能离历史的真相更近一些。

《中国青年》：写作过程中，面对中国历史最具转折、令人纠结和叹息的辛亥历史，您常会有怎样的感慨？

祝勇：每逢重大历史关头，都会有无数条道路可供选择，这种选择，事关重大，因为每一条道路，都决定着以后的道路，一旦选错，可能越走越远，连回头的机会都没有；与选择的重大性相比，选择的时间又很少。这是历史给当时的人们下达的考题——一道速答题。今天我们对有些历史人物心怀怨怒，历史或许因为他们的某些失误而推导到今天的局面，我们很少想到，如果自己置身其中，是否能够胜任历史委任的使命？

我们不能依据今天的标准来评判历史，社会条件在变化，一百年的时光改变了一切，当时合理的诉求，在当下

---

[1]余英时：《朱熹的历史世界》，第6页，北京：生活·读书·新知三联书店，2011年版。

或许不见得合理了，所以我们必须首先回到当时的环境中。易中天先生有一句话我记住了："看历史，要历史地看。"——不是绝对地看，而是相对地看，放在当时的环境中看。当然，我们需要自己的立场与视角。历史研究是当下人与历史人物跨越时间的对话，既然跨越时间，我们首先就要意识到时间的存在，以及时间给对话双方造成的隔阂。我们既不能将历史本身神圣化，也不能将自己神圣化，否则彼此就成了两个固体，互不相干，难以对话和交融。总之，当我们叩问历史的时候，要抱着对话的态度。既然是对话，态度就要诚恳，不是指责和谩骂。面对辛亥年的那么多面孔，我想首先重要的不是对他们做出评判，而是试图理解他们，在发言之前，先倾听他们，只有理解了他们，才知道如何评说他们所做的一切。

《中国青年》：让您难忘或者印象深刻的辛亥人物都有谁？

祝勇：很多。深入这段历史之后，许多原本模糊的面孔都清晰起来，在我的心里生了根，栩栩如生，包括慈禧、李鸿章、张之洞、袁世凯、端方、梁启超、杨度、孙中山、汪精卫等。其中最具悲剧性的是端方，他是体制内的改革者，一心希望通过体制改革使帝国重获生机，他推进宪政和法制建设，推进教育和社会改革，为中国的现代化转型（包括民国的建设）奠定了基础，他的头却被起义者的利刃割了下来。他是一个有强国梦的人，但当时的历史空间，简单化地把人分为两种：革命和反革命，今天我们不能这样简单化地评价他。最具戏剧性的是袁世凯——他断送了戊戌变法，又推进比戊戌变法更激进的政治改革；他推翻了帝制，自己又穿上了龙袍；他当上"皇帝"之后，一天好日子也没过过；他想通过复辟来破解59岁死亡的宿命，却正因复辟遭到全国反对而在59岁这一年准确地死去。历史比戏剧更富于戏剧性，辛亥年的历史告诉我们，此非虚言。

《中国青年》：辛亥革命前几年，清朝廷也做出了不少努力，如废除科举、五大臣留洋考察、准备立宪，有不少声音认为，如果没有辛亥革命，如果当时按照预备立宪大纲加快改革，在皇权不受挑战的情况下，社会或许能够有序地前进。您怎样看这样的观点？

祝勇：想法虽好，却不可能实现。为什么？第一，改革有一种递减效应，同样一项改革，进行得越早，就越有效，

故宫午门内的太和门广场，郑欣淼摄

进行得越晚，效果就越差，直到完全失效，这跟有病吃药是一样的道理，很好理解。尽管改革措施没变，但历史条件变了，人民的要求也变了，那些措施，就显得滞后了。具体以清朝为例，实现君主立宪政体，如果在戊戌变法时获得成功，或许会救大清朝一命，以不流血的方式实现一定程度上的民主政治，可惜失之交臂了，到晚清立宪，就已经晚了，辛亥年"皇族内阁"出台以后，就彻底没机会了。晚清的执政者自认为已经做出很大让步，但人民仍然不满，并要推翻他们，直到下台以后，他们可能对此仍然困惑不解。改革的递减效应，是他们功败垂成的主要原因。

第二，晚清以立宪为核心的政治体制改革从一开始就是一个悖论。一旦改革，就必然要动一部分人的奶酪，动谁的奶酪？当然是当权者的奶酪——难道老百姓还有什么奶酪可动吗？也就是说，由于清末的政治体制改革是由上而下进行的，改革，必然会触及改革者（即当权者）自身的利益，而当权者又不想触及自己的利益，这就形成了悖论。所以清末改革，时而真刀真枪，时而又做做样子，让人摸不着头脑。有人问我：清末改革是真改还是假改？我回答他，既是真改，也是假改。当统治者意识到不改革无以图存时，是真改；当改革伤及自身利益时，又觉得心疼，下不去手。改革对于他们，犹如断臂求生，决心是下了的，但刀子举起来时，又想拖延，得过且过。此种心态，除了死于非命，不可能有别种结局。

《中国青年》：鉴古知今，在您看来，辛亥革命最主要的遗产是什么？

祝勇：清廷自上而下的改革之不成功，使得自下而上的革命有了无可辩驳的合理性。辛亥革命是 20 世纪的第一场革命，也拉开了 20 世纪不断革命的大幕。然而，需要指出的是，暴力的目的是为了不暴力，革命的结果应该是不革命。在学术界有一种说法，叫作"宪法出场，革命退场"。这些革命党人，他们的目的是为了在建立民主政治没有希望的时候，以暴力的方法来强行嫁接一种新的政治制度，即共和制度，建立宪法。但革命是特殊历史环境中的一种特殊手段，属于非常政治，如恩格斯所说："革命就是一部分人用枪杆、刺刀、大炮，即用非常权威的手段强迫另一部分人接受自己的意志。"它的目的，归根结底是建立一种正常的政治，即宪法政治，实现政治的和平转型，使"主权在民"的宪政理想得到制度化的保证，从而避免内战不断、社会动荡、生灵涂炭的悲剧。

今天的历史条件和当年已经不一样了，我们不能机械地去模仿那种非常政治的方式,如果把暴力的手段极端化，认为是实现自身目标的唯一途径，"革命崇拜"有可能将那种非常政治变成日常政治，从而只问手段，而忘记了真正的目的——建立宪法政治，和平建国。我们只有更多地考虑该如何建立一个良好的、合理的、非暴力的政治秩序，"主权在民"的宪法精神是否得到落实，才能不愧对他们的流血牺牲。面对目前某些不良的社会现实，诸如官僚主义、腐败、贫富分化等，需要在日常政治的框架下逐步解决，而不是模仿从前的暴力革命，像当下的诸多激进者主张的那样，再来一场"触及灵魂的大革命"。我们此际面临的课题是，如何将一种非常态的政治向一种日常化、良性的政治秩序转变，克服极端政治的暴力和血腥，使所有的政治分歧都能通过合法的途径得到解决，使人民精神在日常政治中得以贯彻。唯有如此，才是对革命牺牲者的最好回报。

《中国青年》：2011 年 10 月 16 日您在单向街讲座，有读者抱来两摞 30 多本您的著作让您签名，当时作何感想？您如此高产，有什么秘诀吗？

祝勇：仅 2011 年，我就出版了 4 本书，就是生活·读书·新知三联书店出版的散文集《纸天堂》《非典型面孔》和非虚构作品《辛亥年》，以及上海文艺出版社出版的长篇历史小说《血朝廷》。其中只有《非典型面孔》是由旧文编成的集子，其余 3 本都是这两年的新作品，此外还有纪录片《辛亥》（共写了 11 稿）和 20 多万字的博士论文《语言暴力：在革命语境下》。但这并不算"高产"。梁启超一生著述 1400 万字，顾颉刚一生著述 2500 万字。说到"高产"，我还能举出很多例子，对于那一代人来说，这是常态。与他们相比，我不仅不算"高产"，反而是地道的"低产"。

我们已经不习惯于那代人的常态了——那段文化信息密集的岁月，早已是明日黄花，现在是垃圾信息密集，八卦密集。所以，听别人说我"高产"，我一点儿都不开心，因为像我这样写作，已经被目为怪物，不"正常"了。

在我看来，把我命名为"高产"，不如称我"专注"更准确些。我很少出去开会、应酬，更不去做什么"公关"，我是时间的守财奴，心疼自己的时间。鲁迅把别人喝咖啡的时间都用在读书上，我把自己排队和坐地铁的时间都用在读书上了（我的包里永远会放着一本书），尽管如此，还是觉得时间不够。如果有人惊异我的写作数量，那只能怪他们自己把我读书和写作的时间都用在喝咖啡上了。

《中国青年》：9 年前（2002 年），您放弃了原单位的美好前景，就是为了写作吗？

祝勇：是的，为了集中时间干喜欢的事。或许我追求的事物对其他人一点儿意义也没有，但他们追求的事物对我同样一点儿意义也没有，所谓人各有志，正是如此。和而不同，相互尊重，这是我们和平共处的基本原则。"舍"与"得"的道理很多人都懂，但一面对现实，就左右为难，什么都想要，什么都"舍不得"放弃，诱惑层出不穷，欲望贫于应付，最终不是迷失，就是崩溃。甘蔗没有两头甜，人贵在知道自己该做什么、想做什么，目的明确。生命可贵，浪费有罪。

《中国青年》：除了历史，还有行走。很多人知道祝勇，因为您的游记散文——江南、西藏，万水千山踏遍，您的行脚自由洒脱，对您的创作、人生有着怎样的影响？

祝勇：我不喜欢"行走"这个叫法，姿态感太强，还透着某种优越感，假模假式的，但又找不出另一个词代替它。如果我算得上"行走"，也是想趁着年轻，多走，去更多地方了解吾土吾民、亿兆苍生。否则，一切都是纸上谈兵。当然，走本身就有魅力，因为旅程的背后藏着悬念和无尽的玄机，为此我写过一篇文章，发在 2011 年第 5 期的《小说界》上，您自己翻看，这里不再重复。走是横向的阅读，阅读是纵向的走。把横坐标和纵坐标放在一起，才能有一个完整的坐标系，也才能在这个坐标系中找到自己。

采访时间：2011 年 10 月 29 日

原载 2011 年第 22 期《中国青年》

采访者：赵涛

我们的特权是时间赋予的

——答《城市快报》记者问

《城市快报》：在《故宫的风花雪月》一书中，您通过一幅幅故宫的典藏名画，探寻其背后的人和历史。那么您所写下的这些对于读者而言，应该把其当作历史事实，还是您个人的理解式的结论？

祝勇：是我对这些书画经典的个人破译与解读。因此，这部书中有客观性的部分，也有主观性的部分。其中，史实的部分是客观性的，包括一幅作品的诞生背景、创作者的状态、该作品的流传过程等，必须以史为据，许多地方，都注明了出处。还有一些，是对历史场景的重构，看上去很文学，甚至很多读者认为我在编故事，但它们不是虚构的，而是立足于史料，对历史场景进行了复原。这种方法，在西方史学界常见，中国学界可能还不大习惯。比如加拿大著名汉学家卜正民（TimothyBrook）有一本著作，叫《杀千刀：中西视野下的凌迟处死》，开篇讲述了 1904 年在北京菜市口对一个名叫王维勤的囚犯执行的凌迟处死，很像小说的开头，而不是像中国学者的史学专著那样，先从起源、综述说起。

对书画作品的解读部分是主观性的、个人化的，否则这本书就成了百度百科。当然，这不是随意性的，对于艺术，人类还是有一个基本的标准，或者说共识的。在我的书写中，也借鉴了许多国际上的美学理论。但我还是想说我自己的想法，不然，我写这本书就没有意义。我写的故宫、写故宫里的艺术品，一定是"我叙述的"，而不是别人叙述的。

因此，《故宫的风花雪月》可以当作散文来阅读，也可以当作学术性著作来读。但怎么归类并不重要，我觉得重要的是我说出了别人没有的想法。

《城市快报》：《清明上河图》在时下被演绎很多，包括有人用现在的社会万象制成的当代《清明上河图》。您在书中的《张择端的春天之旅》一文中说"张择端把他们全部纳入到城市的空间中，是因为他意识到了这座城市的真正魅力在哪里"，在您看来，这幅画之所以在人们心中流传甚广是否因为它具有很强的现实批判性？

祝勇：中国古典艺术中有精微之作，也有气象宏大的作品。《清明上河图》属于后者，是一部史诗性的作品，展现了画家内心里的宏大志向。所以，在《张择端的春天之旅》里，我说："张择端有胆魄，他敢画一座城。"

这部作品当然有批判性，比如有推尸体的车穿过人丛，暗示出当时的党争之祸，睡觉的卫兵，暗讽大宋的武备松弛，等等，但它的价值并不仅仅在于现实批判性，而且在于它创造了对现实进行全景式扫描的美学范本，以至于明清之际，那股对现实社会进行全景式扫描的激情依旧在画家的胸中激荡，接二连三地重画《清明上河图》，有的署"张择端"款，有的署"仇英"款，也有的没有款。到目前为止，除张择端《清明上河图》真迹藏于故宫博物院外，还有各种版本的《清明上河图》30 多卷，分别存于北京故宫、辽宁博物馆等处。这些托名张择端或者仇英的《清明上河图》，当然是伪作，但也不乏精品，只是我们无从知道它们的真实作者而已。我想明清之际的画家们对这一主题不断重画，不仅仅是为了造假赚钱，也是过了一把宏大叙事的瘾。皇帝有皇帝的江山，画家有画家的江山，一幅气势磅礴的作品，就是画家们内心里的江山。只不过他们不如张择端、仇英有名，卖不出价钱而已。但他们在重画中融入了新的时代气息，比如城墙，就是明式，而不是宋式的，也融入了个人的才华与风格。因此那里面，有个人志趣在。如果仅仅是为了造假，他们应该画得跟旧作一模一样才是。

《城市快报》：在后来的《故宫的隐秘角落》中，您通过这些建筑看这个建筑里面的人，对于古建筑遗存，包括一些近代建筑，比如天津有很多近代的小洋楼，我们知道它们曾经住过一些名人，所以很有意义，但是，如何更进一步地认识老房子和人之间的关系？

祝勇：你说的天津小洋楼，是我在《十城记》里写的。无论小洋楼，还是紫禁城，还是别的什么建筑，都是为人而造，不是为参观而造，所以每一幢建筑，都是一座"记忆之宫"，或者说，是历史的容器，就像帕慕克所说："伊斯坦布尔的命运就是我的命运：我依附于这个城市，只因她造就了今天的我。"[1]我们看到那些建筑，心里必然会想到里面

---

[1] ［土耳其］奥尔罕·帕慕克：《伊斯坦布尔：一座城市的记忆》，第5页，上海：上海人民出版社，2007年版。

居住过的人的命运。其实参观故宫的游客们也是这么想的，他们到故宫来，除了要看故宫建筑的宏伟壮丽、奇幻沧桑，还想知道它们与历史、与人物命运之间的关系。有的游客进入故宫，见到我胸前有工作证，就上来问：老师，甄嬛住哪儿啊？也有人问：电视剧里的翊坤宫、储秀宫，故宫真的有吗？实际上，他们不仅关注建筑，更关注建筑里的人。

所以，有人问我在故宫研究什么，我开玩笑说，我研究人。

当然，不是胡猜乱想，要对宫殿建筑、陈设等，做细致的研究。为此，我细致阅读故宫里的陈设档，试图透过它们的变化、迁移，寻找人物命运的蛛丝马迹。

《城市快报》： 对于故宫的后宫，您也写了很多，在您看来，后宫是否像影视作品那样，只是一个充满了尔虞我诈，皇帝的女人们为生存机关算尽的地方？

祝勇： 这样的情况存在。我曾把紫禁城定性为极权主义建筑，一切是以帝王的集权为核心的，因此，人性在这里必将遭遇绞杀。比如你说的后宫，肯定是一个向皇帝争艳取宠的所在。后宫中美女如云，与这个庞大的基数相比，能够陪王伴驾的名额却十分有限。唐代杜牧《阿房宫赋》也写过后宫女子："一肌一容，尽态极妍，缦立远视，而望幸焉。有不得见者，三十六年。"[1]这看上去像是一种极端化的描写，但在后宫，这是不可回避的现实。所以我在《故宫的隐秘角落》里写：36年不见君王，对于一个女人，这是何等的失败，又是何等的恐怖。

因此，为了避免这样的命运，每个后宫女子都要挣扎。所谓尔虞我诈、机关算尽，只不过是她们挣扎的一种方式而已。就像当年的官场，僧多粥少，为争得一个职位，不是有很多人削尖脑袋，相互陷害吗？后宫是女人的官场，男人们干的许多坏事，女人也可以干，这算是极权制度下的男女平等吧。

但也不能绝对化，即使在后宫，散淡之人也是有的。很多事，看透了，就不在乎了。

《城市快报》：有人说您是把自己的工作当成与故宫谈一场恋爱，故宫对于您而言最神秘的地方在哪里？

---

① [唐] 杜牧：《阿房宫赋》，见《古文观止》，下册，第529页，北京：中华书局，2011年版。

祝勇：它的神秘性在于，我们可以在一个时代之外，去看那个时代。我们敢于对明清的帝王、贵族说三道四，是因为我们是站在另外一个时代里，我们的特权是时间赋予的。有些话假如在当时说，早就掉脑袋了。有时，做时代的局外人、观望者，反而能看清那个时代。

《城市快报》：故宫被当代人做了哪些误读？

祝勇：故宫被当作宫斗剧的背景，这就是误读。刚才我们谈到后宫，谈到后宫里的尔虞我诈，但那不是故宫的全部。故宫也有温馨，也能展现人性。比如《故宫的隐秘角落》里，我写到康熙皇帝对孝惠太后的那份亲情与孝道。孝惠是顺治皇帝的遗孀，但不是康熙皇帝的亲妈。她被顺治皇帝冷遇，没有生儿育女，顺治皇帝死时，她才 20 岁，就"升级"为太后，应该是清朝历史上最年轻的太后了吧。从 20 岁起，她开始了漫长的"太后"生涯，直到 77 岁过世。所幸康熙皇帝对她十分孝顺，孝惠太后晚年病重，当时的康熙大帝，也已是 64 岁的老人了，同样缠绵病榻，头晕脚肿，但他一听到太后病重，就挣扎着爬起来，用手巾缠着脚，颤颤巍巍地坐到软舆上，行至太后床前，缓缓跪下，握着太后苍白的手，说："母后，臣在此。"[1]为了尽孝，病重的康熙皇帝还是坚持在宁寿宫西边的苍震门内搭设帏幄，自己住在里面，以便日夜照料孝惠太后。大臣们请求康熙皇帝回宫去住，这里会安排宫女照料，但康熙皇帝一定坚持自己照料，即使冬天，帏幄里没有暖气没有空调，他也不走。这份深情，不是装的，对许多人来说，即使装也不愿意这么装。这是宫殿里温暖的部分。

《城市快报》：故宫博物院成立90年了，您觉得这90年来，在这里发生的对大众有影响的事件有哪些？

祝勇：那太多了。首先，1925年10月10日故宫博物院成立是最大的一件，没有它，皇帝的宫殿就不能转化为民众的博物院。

第二，民国时代北平的学术精英介入故宫文物的点查、整理与研究，奠定了故宫博物院的学术基础，这些人中，

---

[1]赵尔巽等：《清史稿》，第30册，第8907页，北京：中华书局，1976年版。

有沈尹默、沈兼士、钱玄同、刘半农、蒋梦麟、陈垣、马衡等，都是当年的学术大家。

第三，1933 年开始的故宫文物南迁、西迁，在抗日战争的炮火纷飞中，把故宫文物从北京迁往西南深山老林。这次迁徙，历时 11 年，行程万余里，等于又是一次万里长征。但这次文物迁徙，保护了中华文物，是中华文明史上的壮举。

第四，文物南迁、西迁期间，故宫在国际上举办过两次大型展览。一次是 1935 年在伦敦举行的展览，英国国王乔治五世和王后前往参观；还有一次是 1939 年，故宫博物院从西迁存放在安顺华严洞的文物中直接选取部分文物，前往莫斯科展览。这两次展览，为宣传中国的文化软实力，争取国际社会对中国抗战的同情和支持，都起到不小作用。同时，在战争正酣的间隙，故宫也在南迁、西迁途中，多次举办展览，起到鼓舞人心的作用。

第五，今年是抗战胜利 70 周年，很少有人知道，国民政府接受华北日军投降的受降仪式，就是在故宫太和殿广场举行的，那一天，是 1945 年 10 月 10 日，刚好是故宫建院 20 周年。在这一日子完成这一历史性典礼，似乎是天意使然。

第六，就是自 1948 年开始，国民政府将部分南迁文物从南京直接运往台湾，而不是返回北平，从而造成今天故宫文物分割两岸的局面。在总共1.3万箱南迁、西迁文物中，迁台文物共2972箱，许多是精品。但今天北京故宫依旧有许多精品，其中部分是溥仪带往东北的文物，包括前面提到的《清明上河图》，都在这部分当中，而没有南迁，更没有迁台，还有一部分是1949年以后国家购买和社会各界捐献的。

第七，流散文物重回故宫，社会名流不断向故宫捐献，包括被称为"民国四公子"之一的张伯驹先生捐献西晋陆机《平复帖》、隋代展子虔《游春图》，还有李白唯一存世书法真迹《上阳台帖》等，这些捐献，都成了今天故宫的镇院之宝。

第八，"十年浩劫"期间故宫关闭5年。1966年8月18日，毛泽东第一次接见百万红卫兵那天，红卫兵要闯入故宫破"四旧"，周恩来当晚召开会议，故宫从此关闭。红卫兵冲不进去，就把神武门上"故宫博物院"牌匾换上了一个新的牌匾，上写"血泪宫"3个大字。1971年，造反的浪潮早已平息，7月5日，故宫博物院重新开放。我们要感谢这闭馆的5年，因为周恩来的一纸命令，让故宫躲过一劫。今天我们在神武门上见到的"故宫博物院"牌匾，

故宫太和门，郑欣淼摄

就是郭沫若先生在 1971 年写成，放大刻上去的。

第九，申遗成功，时间是 1987 年 12 月。故宫成为中国首批列入联合国《世界遗产名录》的文化遗产。

第十，2002 年，故宫开始百年来最大规模的修缮，到 2020 年，紫禁城建成 600 周年时，大修工程将全部结束。

第十一，两岸故宫交流。2002 年底，故宫博物院院长郑欣淼先生访问台北故宫博物院，受到台北故宫博物院院长杜正胜接待，实现破冰之旅。朱家溍先生到台北故宫博物院演讲，开场一句"我亲爱的故宫同事们"，竟引得全场热烈掌声。现在两岸故宫形成了非常好的互动合作机制。2009 年，两岸故宫在台北故宫博物院合办雍正大展，这是两岸故宫历史上第一次联合办展。

第十二，"故宫学"的提出。2003 年，郑欣淼院长提出"故宫学"概念。2013 年，故宫研究院成立，给故宫研究提供了一个新平台。

第十三，2004 至 2011 年，故宫进行长达 7 年的文物普查与清理，摸清家底。经过这次普查，确定故宫文物总量超过 150 万件，今为 180.7558 万件。

第十四，为了 180 多万件（套）文物以及每年 1500 万观众的安全，实施"平安故宫"工程。还有，就是把故宫变成"大家的故宫"，让游客有尊严地逛故宫。比如：故宫售票口全部移至端门西朝房，售票窗口多达 30 个，平日两三分钟就能买到票，基本无须排队；打开紫禁城的正门——午门供游客进入，这个门在历史上是只有皇帝才能出入的，皇帝大婚时，皇后也只可以进一次。慈禧太后一生最大的心结，是当年入宫时，没有从午门进入紫禁城，而是从神武门（北门）进去的，所以光绪皇帝大婚时，她要隆裕从午门进，来了却自己的一个心愿……

还有，就是文创产品开发，比如《故宫日历》，20 世纪 30 年代就开始出版，2015 年《故宫日历》已销售 20 多万册。还有朝珠耳机这些文创产品、故宫系列 APP 应用，以及"数字故宫"建设，等等，故宫新的变化说不完。今年秋天，故宫博物院 90 周年大庆之际，端门上的数字博物馆就要开放了，游客们不仅可以第一次走上端门，还可以在那里感受身临其境的视听效果。

想一想，这 90 年，故宫经历了太多的战乱、劫难，却保全了我们民族文化的这些珍贵载体，迎来今天的辉煌，真不容易。这个过程中，为文物的完整，不知有多少个人忍受了妻离子散，甚至蒙受了巨大冤屈。所以我希望社会对这些国宝守护人多一份理解，多一份支持。

《城市快报》：近年来故宫在"平民化"方面做了很多尝试，包括很受欢迎的文创产品，以相对通俗和流行的方式向人展示故宫，对其深邃的文化内涵存在哪些利弊？

祝勇：对故宫文化的阐释是多层面的，不同层面有不同的功能。就像踢足球一样，有顶级联赛，如欧冠、欧洲五大联赛，也有草根足球，像我小时候，在操场上或者小街里，用两个书包摆个球门，就可以踢半天。我觉得以相对通俗和流行的方式向人展示故宫，算不上是对民众趣味的妥协，而是让更多的人关注故宫、热爱故宫。这样的普及，看上去轻松简单，背后却有严谨的学术作支撑。但我不喜欢以无厘头的方式解构历史，那样固然很欢喜，历史却变成一片空茫。"十年浩劫"期间破"四旧"的最大祸害，不只在于破坏了许多古迹，更在于它毁灭了人们心头对历史的尊重，一想到历史，人们就觉得黑暗、顽固。今天的历史无厘头也是一样，把历史戏谑化，失去了神圣感，比如一说到唐僧，人们就想笑，玄奘穿越戈壁大漠只身前往南亚次大陆的壮丽旅程，他在佛教方面的伟大贡献，反而被忽视了。

所以，通俗也有限度。在这方面，故宫文创拿捏得极佳。

《城市快报》：作为博物馆，故宫在亲民和文化普及方面您认为应怎样做？似乎很多时候，人们是通过影视作品的热播才知道故宫的某个宫苑的。

祝勇：学术研究是重要的，同时一些有温度的文化阐释也不能缺失。最近我买了一本书，叫《卢浮宫私人词典》，是卢浮宫前任馆长、法兰西学术院院士皮埃尔·罗森伯格（PierreRosenberg）写的，固然是一部专家级著作，却被认为"知识裹藏着情感"的著作，写得像卢浮宫本身一样迷人。在故宫，这样的著作还不够多。

至于影视作品，完全是可以借助的媒介，但不严肃的太多，在这方面，故宫能够主导一些，就更好了。

采访时间：2015 年 4 月 20 日

原载 2015 年 5 月 9 日《城市快报》

发表时题为《这里不该是宫斗剧的背景地》

采访者：苏莉鹏

时间的距离，既远又近

——答《解放日报·读书周刊》记者问

《解放日报·读书周刊》：现在有不少史学家撰写通俗读物，也有不少业余作者撰写历史作品，作为一位"故宫人"，您的书写与他们有何不同？

祝勇：历史大家都可以写，不是哪个人的特权，但我有我自己的特点。我的《故宫的风花雪月》，写的是书画藏品，这次新出版的《故宫的隐秘角落》，书写对象则是故宫的建筑。但书画和建筑都只是物质的呈现，我想更多地写出物背后人的情感，把一个时代、一个时代的人和艺术的关系写清楚。

所以，我写的时候是把感情放进去的。我觉得写历史，不管是写物还是写人，总有某个地方是能牵动人的情感的，有牵动才会去写，有情感才会和历史建起某种关系。

不仅投入情感，写历史还需有问题意识。我的这两本书，不仅有故事，还都是带着问题的。比如刚才讲的乾隆花园，探寻的是造成清代由盛转衰的原因。这就是提出了一个问题，比一般性的描述性就更深一层了。问题意识是最难的，看历史的时候脑子里不能什么问题都没有，像写流水账。

有问题，书才有价值、有灵魂。很多网络上的历史书写就差在这里，很流畅，但没有思想性和问题意识。

《解放日报·读书周刊》：在热爱诗词的故宫前任院长郑欣淼眼里，故宫是诗性的。现任单霁翔院长可以随口说出有关故宫的各种数据，而且精确到个位数；去年故宫博物院成立 90 周年时，我们专访了老院长单士元的女儿。在早于建院前的 1924 年年底，单老就入了宫，从此守着故宫，他的身为古建筑保护专家的女婿和身为书画修复师的女儿，也守了故宫一辈子。故宫对他们而言，就是家。那像您这样的中青年故宫人，和故宫的情感维系是怎样的？

祝勇：单士元先生写故宫回忆文章时曾说，他一进故宫神武门就走不动了，因为门洞里的风特别大。而我每次上班也是同样的感觉，正常三四级的风，门洞里起码能有五六级。这种一致的感觉，拉近了我和前辈之间的时间距离。但其实，时间已经走得很远了。我在《故宫的风花雪月》里讲了《十二美人图》的故事：1950 年，两位年轻的故宫工作人员在清点库房时，意外发现了《十二美人图》；可是仔细一算，从那时到今天，已经过去 66 年了。在故宫，时间好像从来都不曾流逝。

《解放日报·读书周刊》：人说"美人易老"，然而，画中的美人容颜依旧，发现他的人却已经老去。

祝勇：是的，时间既远又近，不知不觉中，故宫人一代代地更替，但情，断不了。

采访者：顾学文

乾隆皇帝的艺术品位
——答《中国时报》记者问

《中国时报》：乾隆皇帝收藏的字非常多，怎么看他常有错评，以及爱在字画中盖印章与写评笔？乾隆皇帝自己的字画造诣又如何？

祝勇：中国历代王朝的文物收藏，到乾隆时代达到顶峰，今天故宫博物院的文物藏品超过 85% 来自清宫旧藏，仅书画一项，乾隆时代就超过万件。

乾隆皇帝不仅喜欢收藏，还经常以品鉴者自居，也在许多古画上留下了痕迹，其中他在画心上题写的文字，受到很多人诟病。除此，他还对很多古代书画作品进行鉴定，解读这些书画中的历史信息，认识它们的文化内涵。其中有得，也有失，比如著名的"三希堂"三件书法珍品，乾隆皇帝认为都是晋人真迹。实际上，目前学界倾向认为，王羲之《快雪时晴帖》是唐代精摹本，王献之《中秋帖》是宋代米芾临本，只有王珣《伯远帖》是现今学术界公认唯一传世的东晋名家法书真迹。

但乾隆皇帝还是有贡献的，其中最重要的贡献，是下令为本朝书画收藏编辑著录，于是有了《石渠宝笈》初编和续编，嘉庆时又编了三编。《石渠宝笈》共三编，把清宫收藏由赏玩提升到学术层次。编订这些藏品目录，首要目的当然是为了取阅赏玩的便利，但客观上也为今天的我们留下了丰富的资料、完备的体例、宝贵的经验，对我们今天研究这些藏品，提供了一个重要的基础。

《中国时报》：乾隆时期御制瓷器的特点似乎多是花哨华丽，是否反映其品味爱好？他也爱西洋钟表和巧雕等，从中是否可看出他的品味风格？

祝勇：康、雍、乾三朝，清代陶瓷业进入鼎盛，御窑厂大量进行仿古创新。其中乾隆时期各种转颈瓶、转心瓶、交泰瓶、像生瓷等，都体现了当时制瓷的最高水平。

乾隆皇帝对手工艺比较在意，希望用这些精湛的手工艺技术"点亮"自己的生活。除了这些瓷器，他的生活空间也大量使用手工艺，比如在乾隆花园——他为自己"退休"准备的一座花园，有一座倦勤斋，斋内的装修，就大量使用了竹丝镶嵌、竹黄、双面绣工艺。

在倦勤斋的仙楼上，可见大面积是竹黄雕刻，连接成为两幅巨大的画幅，楼下是《百鹿图》，楼上是《百鸟图》。如此大面积使用竹黄，全世界只此一例。倦勤斋隔扇上使用双面绣工艺，双面绣就是从织物的两面绣花，但正反两面都看不到针脚，而都呈现出完整的图案。最近我们与北京电视台联合拍摄一档文化综艺栏目《上新了，故宫》，演员蔡少芬老师在倦勤斋看到双面绣，惊叹得五体投地。乾隆皇帝的生活空间就是这样，常常"于无声处听惊雷"，表面上不动声色，但是背后的东西很多，表明他骨子里是一个追求风雅的人。仅倦勤斋的建造，就不知暗藏着多少"非物质文化遗产"。

《中国时报》：乾隆皇帝爱喝茶且独创三清茶，并特制茶具，您看乾隆皇帝在茶道上的讲究是否算是有独到见地雅趣？

祝勇：品茶是文人雅好，乾隆皇帝自视风雅，一生笃爱品茶，对茶叶、水质、茶具都很讲究。乾隆皇帝登基后，为了增加清宫里的"文化氛围"，仿照唐玄宗曾在兴庆宫举办翰墨筵，在他当太子时生活过的重华宫举行"重华茶宴"，茶宴上饮的就是"三清茶"。所谓"三清茶"，是将梅花、松实、佛手放入贡茶（一般是龙井新茶），用雪水烹制而成。三清茶宴的创立者是宋高宗赵构，但宋高宗"三清茶"是何物所制，没有详细记载。乾隆皇帝举办重华茶宴，与"客人"们共饮"三清茶"，也是为了延续宋代以来的文人风雅。

茶宴上只有茶，没有酒肉。乾隆皇帝请来一些宾客，大家共同品茶、赋诗。茶宴上的茶具也颇讲究，许多为专门制造，清宫《陈设档》记载了许多茶具，其中就有"三清茶"的茶具，比如：青花白地诗意茶盅十件、红花白地诗意茶盅十件、乾隆宜兴朱泥三清诗茶壶、乾隆珐琅彩三清诗茶壶等。

参加重华茶宴的宾客人数并不固定，乾隆三十一年（1766）参加茶宴的人数为 18 人。我们都知道宋代名画《十八学士图》，这里有一点儿追仿的意思。这样的茶宴一直进行到乾隆皇帝晚年，是乾隆皇帝一生的雅好。乾隆皇帝以此来追慕古风，表现自己的文雅风流，确实表现出较高的文化品位。

采访时间：2018 年 10 月 7 日

采访者：李怡芸

东西对照，
打开看故宫历史的狭隘视界

——答《南方周末》记者问

祝勇常常从西华门出入故宫，工作的地点在故宫西北角楼下的四合院，紫禁城城隍庙的旧址，如今成了故宫研究院。尽管前殿游人如织，故宫的工作区域却相当静谧，祝勇感觉故宫的时间和外面的世界不一样，它的时间仿佛停滞，让人和历史的距离更近了。

祝勇大多数写作都围绕故宫，有长篇小说，也有大量散文。他还为《辛亥》《苏东坡》等纪录片担任总撰稿，策划了文化综艺节目《上新了，故宫》。2011 年，他正式进入故宫博物院工作，现为故宫文化传播研究所所长。

祝勇不止一次在故宫里从黄昏待到深夜。有一次日落时分，他走过太和门广场，空旷无人，只有武警战士训练的号令声依稀传来，和白日里热闹的故宫完全不同。

"我似乎一瞬间读懂了宫殿的孤寂。"他在《远路去中国》里写道："在白天，它是那么理性，它虽繁复，却庄严典雅、秩序井然，只有在夜里，它才变得深邃、迷离、深不可测。"

作家冯骥才评价祝勇"着魔一般陷入昨天的文化里，像面对着垂垂老矣、日渐衰弱的老母，感受着一种生命的相牵"。

祝勇喜欢英国作家肯·福莱特，认为他的作品如同巨型建筑，每一部都规则严谨、规模宏大，组成庄严浩大的城池。祝勇形容自己的写作就像紫禁城的砖木，日久天长地搭建，才逐渐眉目清晰、结构健全。

在新书《故宫六百年》里，祝勇把宫殿当作舞台，古往今来人们的命运在此上演。故宫是明清两代国家权力的中心，对掌权者来说，权力也总是成为作茧自缚的牢笼。

年轻时，祝勇把故宫看作典型的封建集权主义建筑，批判它抹杀人性。后来这些年，他说自己慢慢变得温和了，更带有"历史之同情"。"我不爱集权制度，但集权主义建筑却有它的壮丽。没有集权主义制度，就没有我们眼前这座美轮美奂的故宫，没有这些从历代皇家流传至今的珍贵文物。"他说，"当然，封建集权有扼杀人性的一面，我在作品里有足够的批判。"

钟表带来了观念的变革

《南方周末》：故宫600年的历史非常驳杂，您用了空间和时间相结合的叙事方式，这是怎么考虑的？

祝勇：我不想写得太刻板，不想简单地按照时间的流程来写一个编年史，那样太机械了。有很多朋友到故宫来，我会陪着走一走，游客对于故宫的认识首先是空间上的。中国文化本身也是先有空间后有时间，古人通过立竿测影来确定南北子午线、确定东西，夜晚通过星象来确定四季，先有空间后有时间，跟中国的文化传统也是一脉相承。故宫有东西南北四个门，代表四方。东西南北横纵坐标的交点是中央，加上中央正好是五方。五方又与中国传统文化的五行相配合。我觉得故宫本身就是一个大的表盘，像太和殿前面的日晷一样，表的转动带动着所有历史上的事情，各种人在时间运转的过程中生生死死。

《南方周末》：您多次提到，宫殿本身具有一种叙事功能和等级秩序。您怎么解读故宫的空间政治？

祝勇：皇帝必须在中轴线上，两边是三宫六院，就是一个逐步递减的空间关系，它通过建筑的层级关系，来突出王权的权威性。但是它本身也酿成了一些悲剧，比如说在中轴线上发生了很多不可思议的事情。明朝嘉靖皇帝夜里险些被十几个宫女暗害，就发生在中轴线的乾清宫里，正是因为至高无上的皇权，导致了以杨金英为代表的十几个宫女，愤怒无处发泄，最后极端反抗，深更半夜用三尺白绫想勒死皇帝。嘉靖的命运有偶然性也有必然性，这就是紫禁城空间政治里个人命运的生动投影。

《南方周末》：万历皇帝对自鸣钟很感兴趣，您猜测因为万历皇帝对时间这个概念有执念。西洋钟表带来的时间观念，与中国古代的时间观念是否产生了文化上的交锋？

祝勇：有交锋。过去，中国的时间是皇权代表的，拥有时间是最大的权力，只有最有权力的人，才能够给你时间。所以，皇帝要授时，就是把时间授给天下大众，紫禁城是空间的起点，也是时间的起点。西洋钟表进来后，它带来了一个西方科学的"时间"。很多传教士到钦天监工作，这是负责天文立法的部门，一个非常重要的部门，它不是单纯天文学的概念，而与神权、皇权密切结合在一起，从明朝开始，一直到清朝都有，很多钦天监里的官员是洋人。西方人与中国宫廷的密切关系，也逐渐带来了我们观念上的一些变化。比如天圆地方的传统观念的变化，我们逐渐认识到地球是一个球体，地球是自转的，我们开始地图测绘等，它带来一系列综合的变化，推动中国向近代社会转型。它不仅仅是钟表的问题、技术的问题，钟表带来了时间、空间以及对地球的认识，带来了观念的变革。

《南方周末》：您说过这些当时到中国来的传教士实际上发挥了记者的作用，他们的信件全是来自东方最真实的报道，为什么这样说？

祝勇：这些传教士的通信到西方后被集中出版了，在西方引起了很大的反响，尤其是到了人文主义者手中，他们切切实实意识到，中国没有上帝，照样创造了辉煌灿烂的文明。宋代、明代的中国远远领先于世界。有了这些传教士、这些通信，就有了来自中国的信息，东方文明不断进入西方视野，那时是西方翻译中国典籍的高潮时期，来自中国的经典在西方都是畅销书，而从但丁、孟德斯鸠的著作里面也能看到孔子、老子的影子。华夏文明实际上成为西方启蒙主义者对付教会势力的有力武器，成为西方走出中世纪黑暗的杠杆。

历史的发展进程是环环相扣的，（我们）可以通过中国来看西方历史，通过西方历史回顾东方历史。这个来回对照的过程，能打开我们看故宫历史的狭隘视界，更加开放地看故宫的历史，以及我们民族的历史。

《南方周末》：您怎么理解历史中的人物与他们所处时代的关系？

祝勇：它是一个双向的影响。每个人物都试图影响他所处的时代，尤其是这个宫殿里的掌权者，他们希望能够引领他们的时代，同时他们也被那个时代所控制。我们与历史、历史人物之间也有一个对话关系。现实和历史不是没有关系的两样事物，而是一种对话关系。英国有个历史学家叫卡尔，他说所谓历史就是现代人和过去之间永无止境的对话交流。每个在历史中的人物都有他们的困局，无论是个人小生活，还是社会大生活，都有困局，我们在我们这个时代当中其实也是一样，我们也是将来的历史人物，王羲之的《兰亭序》里说了一句话，"后之视今，亦犹今之视昔"。我们在这样一个参照系里，它会为我们文明的走向提供一些参照。

"宫殿里的权力者形成了一个悖论"

《南方周末》：您书里的很多人物都带有不能左右命运的悲剧色彩。宫殿作为集权的场所，和这些个体命运之间是怎样的关系？

祝勇：大一统王朝有它的历史必然性，中国文明是大陆文明，这种以皇权为代表的权力金字塔，比较符合中国历史的特点，在这两千年里还是有它的历史合理性的。同时它当然也有集权反人性的一面，这在紫禁城里边有比较集中的体现。

集权不仅仅是对下层百姓形成了一种专制，其实对于权力者本身也是有加害的。宫殿里的权力者本身形成了一个悖论。一方面他要强化他的个人权力，所以中国封建皇权从秦汉、唐宋，一直到明清，它是不断在强化的，强化到了极致状态之后，就导致了皇权的崩溃，最后辛亥革命推翻了帝制。不断加强的皇权，其实并不能保证帝国的长治久安，像康雍乾经常被我们今天吹捧为盛世，但是很多问题没有解决，包括康熙的九子夺嫡、雍正秘密立储，等等，背后都没有建立良性的政治制度。

皇帝个人实际上也受到很大损害，我在这里面以康熙皇帝和乾隆皇帝着墨最多，康熙皇帝的家庭生活还是挺有缺憾的，他的第一位皇后赫舍里氏是难产去世的，他对赫舍里氏有很深的感情，一心想把皇位传给嫡长子，但是两立两废，对康熙皇帝的打击挺大的。他的家庭生活并不幸福。

乾隆皇帝也是集权力于一身的皇帝，他自己发誓要做千古一帝，要超过秦始皇、唐太宗、汉武帝这些古代的大帝，所以他把皇权紧紧抓在手里。他执政 60 年退位，把皇位禅让给了他的儿子嘉庆皇帝，但是退位之后三年半的时间里，并没有真正的退休，仍然是紧紧抓住权力不放，直到在养心殿咽气。所以他真实掌握权力的时间应当是将近 64 年。他自己号称"十全老人"，觉得自己一生十全十美，实际上人世间没有十全十美，他个人的家庭生活、情感生涯也是非常不如意。

《南方周末》：您在书里写，"皇帝是一个神奇的物种，不知道可不可以将他们称作人，至少不是正常人……大多数皇帝的心中很难找到爱。"以顺治皇帝为例，历史上也有专情的皇帝，您如何理解帝王之爱？

祝勇： 我觉得对皇帝来说没有爱情可言。明清 24 个皇帝在紫禁城里边，他们的生活基本上都证明了这一点。皇权制度本身就不是一个平等的制度，爱情只有在平等的前提下才能够展开，所以这些皇帝非常需要情感的抚慰。但是皇帝的身份又不可能让他得到一种平等的爱情，他永远居高临下，永远在施与、恩赐的位置上，个人生活不可能得到真正的幸福。

我觉得作为一个人，皇帝跟普通人是一样的，都有情感的需求。但是在皇权制度下，他实现这种需求的空间非常狭窄。皇权条件下的联姻基本上都是政治考虑，像顺治皇帝，他的母亲孝庄给他安排的婚姻，前两个皇后都是蒙古族的博尔济吉特氏，因为孝庄本人就是博尔济吉特氏，有蒙古贵族的血统，她要托举她自己的家族、血统，其次就是作为满人，女真人和蒙古族联姻是有大的战略考虑的。

　　皇帝个人必须付出代价，至于你爱或者不爱，它就是个小事情，维持多民族共同体这才是一个大事情。但是对于具体的人来讲，爱情又是一个大事情，它直接决定你一生幸福不幸福，所以在这个纠结当中，顺治皇帝就完全地分裂了。普通人没有这样的考虑，他就是个草民，情感的空间反而无限地大。但是作为皇帝，他情感的空间无限小。虽然顺治皇帝和董鄂妃的确是真情实感，实际上顺治皇帝也是夺人之爱，因为董鄂妃是个汉人，皇族是不能娶汉族人的，这违反祖制。最后顺治皇帝跟他的母亲孝庄两个人关系彻底撕裂，其实就是这个原因。顺治皇帝追求个人幸福，他不管什么祖制不祖制，这么一个皇帝，去寻求个人真情的可能性几乎为零。

《南方周末》：您觉得这 24 个皇帝中，最渴望挣脱帝王枷锁的是谁？

祝勇：可能还是顺治皇帝。后来不是有顺治皇帝出家的传说吗？其实这个传说就包含着人们对顺治皇帝的同情和期望。因为命运里的这个死结，他是打不开的，老百姓就很善意地希望有这么一条路，那就让他出家吧。

24个皇帝都有这样的潜意识和冲动，只不过表现出来的形式不一样，每个人的个性不一样，历史条件和环境都不一样，比较极端的就是正德皇帝，他就玩世不恭。他也不愿意在紫禁城里待下去，所以就在外面豹房吃喝玩乐，他是一个叛逆型的反面例子。

乾隆皇帝相对比较有责任感，希望在历史上留下名声，但是他内心那种挣扎困惑也存在。他最后在紫禁城的东北角建了乾隆花园，就是希望在乾隆花园能够把皇袍脱掉，不受王朝的禁锢，能够回归自我。乾隆花园是四进四合院，其中有一进他打造成寻常巷陌、普通人家的景象，没有皇族的金碧辉煌，所以乾隆皇帝就希望退休以后回归成一个普通的退休老头。但是他只有普通人的外壳，没有普通人本质的生活，他不可能有朋友，大臣来了跟他写诗作画，还得下跪。他内心的这种渴望最终还是实现不了。

《南方周末》：您对历史事件和人物的筛选标准是什么？

哪些内容是您特别想写的？

祝勇：主线就是在宫殿这样的舞台上，各色人等的命运轨迹。有些是掌握权力的人，有些是太监、宫女，为权力服务的人，但无论怎样，他们都处在权力中心的位置上，这样的特殊环境，对他们个人的命运施加了各种各样的影响。他们的命运又反过来影响历史的进程。

"故宫有它自己的时间"

《南方周末》：您在故宫这些年工作和生活的经验，对您的历史认知有影响吗？

祝勇：故宫里面的气氛非常安静，虽然游客很多，但是我们的工作区域比较安静，在故宫里面心是能够静下来的，我感觉故宫里的时间跟外面的时间不一样，故宫有它自己的时间，故宫的时间是停滞的，让我们跟过去的距离更近。另外我对故宫的地点和场所特别熟悉，一看史料里的地点，我马上能跟我的个人经验衔接上，会感觉历史中发生的一切特别亲切。

我们过去讲历史，一件事情大家都知道，但是不知道发生在什么地方。如果你从史书上看到的事件，能跟你眼前的景象对应起来，那就是一个特别神奇的事情，历史就能活起来，我们回到了历史现场。所以我就希望历史是一个活化的历史，而不是一个僵死的历史，这是在故宫里面工作最大的感受。

《南方周末》：您多年来一直在写故宫，情感上的动力是什么？

祝勇：我个人特别喜欢故宫，我就想深入地了解它，不想一知半解，知道得越多，就发现自己以前知道得越少，就引诱你不断再去做更深的了解，然后就越走越远，好像一个远行者，已经完全为当下的景物着迷了。可能走得太远，就忘了自己当时为什么要出发了。

其实我有这样的想法——有朝一日写至少一两部跟故宫没关系的东西，但是到目前为止，我想写关于故宫的书还没完，还有进一步想说的东西，其他都顾不上。我倒不担心这个范围太狭窄，因为上下五千年，纵横几万里，从中国到外国，所有的事物故宫里面都含纳了，对故宫的表达是无限的。

《南方周末》：除了散文，您也写过故宫题材的小说，虚构和非虚构创作有什么不同？

祝勇：不一样。非虚构是从那个时代当中寻找素材，然后在不同的点之间建立联系，你越能发现这种联系越好，但是这些点必须真实存在，会受到史料的限制。有时候我想摆脱这个束缚，按我的理解去引导事情的发展，尤其在写虚构的时候，作家是全能视角，可以任性地去摆布你笔下所有人的命运，这点我觉得特别痛快。

我对有些历史人物着墨比较多，对他们是真的感兴趣，比如说慈禧，这本《故宫六百年》里我也用好几章来讲慈禧，因为她贯穿的时间太长了，将近半个世纪。目前对慈禧的表达还有很大的空白，这之外还存在着一个慈禧，所以我用史料构筑了一个我所理解的慈禧。但是我觉得还不够，所以在小说《血朝廷》里面，我进一步完成想象，但这个想象必须合乎历史逻辑，不是信马由缰地凭空捏造。

　　我特别写到八国联军入北京之后，慈禧逃亡的这段历史。她从河北一路逃向陕西，逃出北京的时候特别坚决，没带任何金银财宝，她毕竟是政治家，知道这些财富在逃亡途中一旦被发现就是灭顶之灾，所以她把自己化装成一个农村老太太，只带了一点散碎的银两，带着隆裕皇后、光绪皇帝这些人，几个太监、宫女，一行人就逃亡了。

　　我虚构了一个情节：在逃亡之路上，他们遭遇了从前线溃败下来清兵的抢劫，大水冲了龙王庙、一家人不认一家人，这些清兵还扇了慈禧几个耳光。这个时候我就写慈禧的幻灭感，写了一场大雨，在荒原上大雨倾盆而下，慈禧坐在瓢泼大雨当中，像一个农村老妇人一样嚎啕大哭。她对权力、江山的追求，转眼之间就没了。这是我对她这个人物的体会和理解，只有在虚构里面才能实现。

原载《南方周末》2020 年 7 月 23 日

采访者：李慕琰

聊故宫

貳

On the
Palace Museum

故宫需要文化上的创造力，但这种创造力是建立在传统文化的深刻理解上的，轻松之中见严肃，活泼之中见风骨。我觉得这让故宫的文化传播既惹人喜爱，又特立独行。

故宫是一个与历史相遇的地方
——答《深圳晚报》记者问

《深圳晚报》：新书《故宫记》，是一本建筑笔记。请问这本书的创作缘起是什么？大概写了多长时间？

祝勇：准确地说，《故宫记》是一部中国的古建筑笔记。我在这本书的序言里写，尽管我不是建筑学家，却对建筑——尤其是中国古建筑有着长久的兴趣。或许，我更多不是从建筑学角度去看待它们，在我眼里，它们是历史的遗留物，是历史的一部分，甚至于，是历史的容器。由这已知的一部分，我们可以推测消失的那些部分。

　　4月里，海豚出版社社长俞晓群先生请我去深圳，再加上胡洪侠、杨小洲两位先生，我们4个老男人进行了两场读者见面会——和他们在一起的好处，是让我觉得自己还年轻。那一次，晓群兄就向我再约一本书稿。他说要用最好的装帧向我致敬。我禁不住他忽悠，眼见海豚出版社又出版了许多漂亮的书，极尽精美之能事，让我心生嫉妒，就答应下来。想来想去，还是决定把我关于古建筑的散文编成一集，算是我这么多年关注古建筑的一个小结。

因此，这是一本自选集。《乾隆花园记》《围屋记》《戏台记》3篇是这两年的新作，其余几篇皆从各书选来。写作时间，前后跨了十几年。

《深圳晚报》：紫禁城——这座金碧辉煌的宫殿，这座时间中的废墟，在世界的建筑史上占有什么地位？它呈现了怎样的"建筑记忆"？

祝勇：故宫是世界上现存规模最大、保存最完整的古代宫殿建筑群，占地72万平方米。对于数字，读者朋友可能没有概念，只要拿世界上其他著名宫殿比一下就知道了。故宫的面积，是法国卢浮宫的4倍，凡尔赛宫的10多倍，俄国圣彼得堡冬宫的9倍，英国白金汉宫的10倍。当然，故宫不仅规模宏大，更重要的是历史丰厚，它先后成为24位皇帝的工作地和生活区——这24位皇帝中，没有包括李自成，有多少历史烟云、人事纷纷，假如写电视剧，恐怕可以无穷无尽地写下去。它收藏180多万件（套）艺术和文物精品，其中有晋代王羲之《快雪时晴帖》、晋代王珣《伯远帖》、隋代展子虔《游春图》、五代顾闳中《韩熙载夜宴图》、唐代李白《上阳台帖》、唐代怀素《自叙帖》、宋代张择端《清明上河图》，哪一件不是旷世之作，哪一件不是经典？另外，清宫造办处造做的宫廷日用品和艺术品、清宫编刻书籍、明清档案，还有民国北平故宫博物院遗留的大量书报档案，都是取之不尽的历史资源。8 月里，我带《晶报》胡洪侠兄走遍了故宫的边边角角，他感叹道："不可复制。"今天的土豪再有钱，也造不出一个故宫，因为里面的历史和文化信息，是时间积累的结果，没法走捷径。

故宫是中华历史文化的高密集区，历史的养分，直到今天也吸取不完。在我看来，故宫不仅仅是一个留存记忆的大盒子，更是一个参照系。我们今人的创造力如何（比如在艺术领域），拿到这个参照系里一比就知道了。我们今天"大师"横飞，要把这些"大师"请进故宫，往这些艺术经典前一站，就露了底。是不是"大师"，不是自己说了算，得看王羲之、李白、怀素答不答应。

我并非厚古薄今，我只想说明，故宫的意义，不只在过去，更在今天和将来。有故宫这把尺子，我们就不能随便翘尾巴，起码知道我们这代人任重道远。

《**深圳晚报**》：关于故宫与宫殿的书，您已经写过多部，如《旧宫殿》《血朝廷》《故宫的风花雪月》等。这部《故宫记》与之前的作品，呈现着怎样的联系？不同的书，其着力点分别又是什么？

祝勇：要声明一点，这本书不是全部写故宫的，《故宫记》只是书中的一篇，以免误导读者。这本书中谈论的，既有故宫这样的皇家建筑，也有围屋这样的民间建筑；既有汉族古建筑，也有布达拉宫这样的少数民族古建筑。这些建筑相互映照，才能看出彼此的特点和价值。建筑不能孤立地看，故宫也是一样。

书中关于故宫的文字也与以往那些书不同。你提到的那几本书，《旧宫殿》和《血朝廷》是长篇小说，渗透着我对纷繁人事的个人化理解，《故宫的风花雪月》和我正在写作的《故宫的隐秘角落》，分别通过书画和建筑写历史，通过硬件（文物）写软件（记忆）。这些书，每一本都有一个自己的体系，故事性也比较强。相比之下，《故宫记》更加形而上，专注于对空间意识形态的分析，更理性一些，批判性也比较强。对故宫感兴趣的读者不妨一看，至少可以让他们更深入地了解故宫是怎么回事，这些宏伟建筑背后的精神动力是什么。

《深圳晚报》：作为故宫博物院故宫学研究所的研究人员，您的工作地点就在故宫里。对于大多数人而言，故宫或是一个神秘之地，或是去北京旅游时必到之地。但对您而言，故宫是一个什么地方？是一座什么样的"城"？

祝勇：是一个与历史相遇的地方。三大殿、三宫六院、上书房、军机处……有多少历史事件在这里发生，数也数不过来。就拿军机处来说，这是乾清门西侧一排不起眼的小平房，我指给胡洪侠时，他几乎不相信，趴在窗户上向里看了半天。但自雍正时期设立军机处，到晚清，李鸿章、张之洞、袁世凯任军机大臣，戊戌变法中谭嗣同等任军机处章京，都是在这排小房子里办公，军机处的历史，几乎是整部清朝史。时代巨变、山河泣血，有多少历史风云，都拥挤在这间小小的房间里，密密匝匝，走进去，搞不好会和从前的人物撞个满怀。我建议游客在游览故宫之前，读一些关于故宫的书，比如，可以多读一些我的书。（笑）这样可以进行一些知识储备，再去看故宫，感觉会不一样，你会感觉每一座建筑都是有神的，和它们相遇，会有一种碰撞感，会有内心的震撼，而不仅仅充当一个拍纪念照的背景。

《深圳晚报》：您在其他访谈里讲过："我在故宫里当历史的'侦探'。"可否给我们讲一讲您当"侦探"的过程和体会？是否有有趣的故事讲给我们听？

祝勇：这方面我谈得比较多了，这里举一个小例子吧。前些年，在一座不开放的宫殿里，意外发现了末代皇帝溥仪的作业本。我的同仁曾帮我找到过嘉庆皇帝的作业，内容还是"四书""五经"，到溥仪时，已经是物理化学了。但溥仪在作业本的边上写下这样一句话："姓溥的都该杀。"其实溥仪不姓溥，姓爱新觉罗，后来简化了。比如溥仪晚年，人们都称他为"老溥"。还有启功先生，也姓爱新觉罗，是雍正皇帝的第九代孙，但人们都尊称他为"启先生"，没人称"爱先生"。溥仪这段话应该是写于20世纪20年代，溥仪退位10多年后、出宫之前。那时的他，应该到了读中学的年龄吧。溥仪为什么要写这段话？它反映了少年溥仪什么样的内心世界？这就是历史留给我们的线索，我们要循着这些蛛丝马迹，将历史一点点复原。

《深圳晚报》：您的创作力，让朋友、读者都十分惊叹，几乎每年都能听到您新书的消息。您著作中庞大的知识库，以及融会贯通的大气象，都让人赞叹不已。可否说一说，您是如何做到这一点的？您认为自己创作力如此旺盛来于何处？

祝勇：凭个人经验写作，早晚要走到尽头，但挖掘历史就不一样了。历史太庞大了，只说故宫，就一辈子写不完。站在故宫里，真的明白了什么叫学无涯，自己的那点儿知识真是太少、太可怜了。我后面还有许多写作计划，只恨生命太短，等我真正可以深入地认识它时，恐怕就该见上帝了。所以对我来说，恐怕不存在枯竭的问题，只存在时间不够的问题。

至于你说的融会贯通，我觉得的确需要构建一个属于自己的知识体系。无论研究什么，都不能把目光仅仅局限在这个问题上，那样只能平面地看，失去维度，要有超越性的眼光。只有超越一件事物，才能真正认识这个事物。

《深圳晚报》：如果让您自己介绍"祝勇"，审视"祝勇"，您会如何介绍他？您会最推荐读者读他的哪一部作品？看他拍摄的哪一部纪录片？

祝勇："祝勇"这个名字出现在一些印刷物上，我自己都感觉有些奇特。对我来说，"祝勇"首先不是一个作者名，而是一个曾经出现在作业本、履历表、花名册上的名字。有时我觉得书上的"祝勇"不是我，而是另一个人，我以读者的身份冷眼旁观。当然，"祝勇"写得不错。（笑）有点像《永和九年的那场醉》里的王羲之，一场酒醉之后，写下一纸《兰亭序》，出神入化，让自己都大惊失色。这样比，有些大言不惭。但我这么多年写作，真的像醉了一场，醒来看自己的文字，真有些恍惚感。只不过醉的时间比较长，沉溺于写作，至少也有 20 多年了。但我知道，眼前的文字，不是一场酒醉带来的，而是之前漫长积累的过程。一个人吃饼，吃到第七张，饱了，就说，早知道前面 6 张就不吃了。这是一个笑话，大家都知道。写作要文火慢熬，这一点，我在海豚出版社《祝勇作品》的总序中写了。

　　至于作品，我个人认可的有这本《故宫记》，还有《故宫的风花雪月》，都比较感性。纪录片，我个人比较喜欢的，一部是《辛亥》，一部是《岩中花树》，从网上都可以搜看。去年在深圳文博会上办名为"影像中国"的纪录片进影院活动，我的作品就选的这两部。目前在制作 26 集《历史的拐点》，最后 6 集是《甲午战争》，也将在央视播出，希望能够超越以前。

《深圳晚报》：2012 年 11 月，"祝勇文化创意中心"在深圳大学举行揭牌仪式。两年来，您与深圳这座城市有了许多实质的连接。可否形容一下，现在您眼中的深圳与两年前相比有变化吗？"祝勇文化创意中心"原来设定的目标，实现了几成？

祝勇：深圳具有极强的多元文化的聚合力，尤其在华语文化方面，是两岸四地以及东南亚华语文化的交叉点，十字路口，华洋杂处，有不可比拟的优势，只是这样的优势，还没有完全发挥出来。"祝勇文化创意中心"得到深圳市委宣传部文化基金办和深圳大学的大力支持，使我有机会把古老的文化资源（故宫）和前沿地带（深圳）相碰撞、相结合，这事很刺激。这两年我也在逐渐摸索合作的方式，以产生最大的效果。"祝勇文化创意中心"策划的关于宫廷政治的历史纪录片《案藏玄机》在央视一套首播只是第一步，我还有很多的设想需要一步步地实现。我希望有更多的学生能参与到对历史文化的全新传播中，希望在深圳这个平台上进行跨两岸，甚至国际性的合作，也希望能和本地电视台互动、合作，推出介绍以故宫为代表的古代文明和以深圳为代表的现代文明的作品。

原载 2014 年 9 月 14 日《深圳晚报》

采访者：李福莹

对中国古建筑的精神分析

——答深圳《晶报》记者问

《晶报》：您在自序中说"在建筑学以外谈建筑"，那能不能具体说说这本书都谈了什么？

祝勇：这样说首先是为了给自己披上一层合理的外衣。这本书的书名叫《故宫记》，副题是"祝勇建筑笔记"，看上去像建筑专家写的，实际上我对建筑一窍不通。在刘敦桢、童寯、梁思成、陈从周，乃至今天清华建筑系陈志华、楼庆西这些建筑学大家面前，当学生的资格都没有。所以我说"在建筑学以外谈建筑"，先给自己留退路。

作家对建筑感兴趣的不多。刘心武先生对建筑感兴趣，20世纪90年代在北京的《为您服务报》上写过专栏，叫《通读长安街》，后来出书，叫《我眼中的建筑与环境》。他是写长安街上的现代建筑，我是写古建筑。我不是写硬件，而主要写软件——我把它叫作"对中国古建筑的精神分析"。我曾想用这句话作副题，后来作罢了。

《晶报》：这本书收录的文章有早有晚，创作时间大约是从什么时候到什么时候？

祝勇：我的作品一般都保留着创作时间。我查了一下，书中最早的一篇写于 2004 年 1 月，最近的一篇完成于 2014 年 1 月，前后刚好跨过 10 年，说明我对建筑的关注是持续的，不是一时兴起。

《晶报》：之前您的作品大多是历史文化散文，这回的"建筑散文"有什么不同呢？

祝勇：我近年基本上专注于历史写作，建筑也是历史的一部分，或者说，是历史的证物，所以，我谈建筑，回避了专业术语，侧重于建筑中的历史。建筑是人活动的空间，所以写建筑，假如忽略人，是不可想象的。只是许多古建筑中曾经存在的生活景象消失了，我想透过建筑，寻找到那些消失的人，听到他们的呼吸，猜测他们的内心。所以，这本书表面上是说建筑，实际上是说历史，说历史中的人。用今天的话说，叫"借壳上市"。

《**晶报**》：在您对故宫的研究中，会特别关注建筑本身吗？通常是用什么样的方式和角度去观察？

祝勇： 当然关注，故宫首先表现为建筑，没有建筑就没有故宫。还记得北京故宫博物院郑欣淼院长和台北故宫博物院周功鑫院长前年在深圳读书月上的那次公开对谈吗？那一次，有听众问，北京故宫博物院的"国宝"是什么，周院长抢答，是宫殿。故宫的宫殿，天下第一，无法翻版。周功鑫院长 2009 年 2 月 14 日第一次踏进北京故宫博物院，最想去的是文渊阁，是当年存放《四库全书》的藏书楼。文渊阁《四库全书》现存台北故宫博物院，周院长想看看它的"故居"。书中第一篇是《故宫记》，是对故宫这座古建筑的"精神分析"。我首先把它定性为一座集权主义建筑，在它的内部，找不到平等这回事。我写："一个人，无论有着怎样的传奇履历，一旦进入紫禁城，就像一粒尘埃飘进沙漠，变得无足轻重，必须听从于宫殿在空间上的调遣——他的行走坐卧，必须遵守空间的法则。"包括我自己，每次站在太和殿广场上，都想对它顶礼膜拜。它是用来吓唬人的，李自成就被它吓住了，没敢在太和殿登基。

当然，它辉煌壮丽，表现出中国人在建筑上的杰出成就，那也不是虚言。

开头说这本书是"在建筑学以外谈建筑"，使我有了回旋的余地，现在可以说，这本书对古建筑的解读，不是建筑学的，而更像是艺术学的。

继去年的《故宫的风花雪月》以后，今年我依旧在《十月》杂志上写一个关于故宫的散文专栏。去年是写书画，今年是写建筑，叫《故宫的隐秘角落》。其中大部分是写一些未开放的宫殿，我把它们称为"故宫秘境"，实际上是故宫的边缘地带。许多地方旧墙废圮、荒草杂芜，把它们背后的历史挖出来，也有意思。那是换了一个视角观察故宫，有些阴郁、幽魅、欲言又止，与那个睥睨万邦的、"高大上"的故宫截然不同，似乎是另外一个故宫。就像我们观察一个人，换一个角度，好像看到的就是另一个人。《故宫记》是正面强攻，《故宫的隐秘角落》是迂回包抄。

《晶报》：听说您的办公室就是在故宫里，平日进出会不会有什么不一样的感受？

祝勇：当然。故宫在北京城的中央，上班时自然堵车，心情烦躁，但一进故宫，心马上清静下来。我们研究院在紫禁城西北角，原来是紫禁城里的城隍庙——紫禁城也是城，里面几乎什么庙都有，实际上是角楼下一个两进的四合院。我每次上班从西华门进入故宫，顺着宫墙，一路向北，就到了研究院。每天下班，夕阳落在城头上，余晖刚好洒在宫殿描金的饯脊上，金光夺目，无比的璀璨，建筑与时令辰光如此精准地吻合，让我对古代建筑师从内心里叫好，可惜这一幕，游客基本上看不到。在故宫工作了很久，我都觉得恍惚，不大敢相信我是在这里上班。

《晶报》： 和这些古代建筑"相处"，给您最大的感触是什么？

祝勇： 我觉得我是它的一部分。自从十几年前写《旧宫殿》，我就和这座旧宫殿难舍难分了。

我读博士时的导师刘梦溪先生和师母陈祖芬先生都说，故宫是最适合我的地方。我也这样觉得。

有一次接待美籍华人，他们在西华门第一次见到我，说一看就知道我是故宫的人，外表和宫殿很相合。讲这件事有自我表扬的意思，但我还算谦虚了，因为他们的原话比这还过分，他们说觉得我像王爷。当时我回答，依我的这点政治智商，若是王爷，早被砍头了。

在调入故宫以前，我也写历史，但进入故宫工作以后，我的写作变得更谨慎了。宫深似海，学问无边，永远也学不完，穷其一生，也只能混个入门。更何况，此后我再书写文章，人们都用"故宫"二字衡量。所以，一方面是才疏学浅，难免生错；另一方面是不敢错，错不起。两头堵，所以有人说写作是一场冒险，此言不虚。

若说最大感触，我觉得就像《康熙大帝》电视剧里唱的，"我真的还想再活五百年"。不是我贪生怕死，死并不可怕，但没看多少书、没明白多少事就死，可怕。

原载 2014 年 9 月 15 日《晶报》

采访者：姜梦诗

故宫太和殿，郑欣淼摄

文学的故宫

——与宁肯先生的谈话

写作就是与寂寞的对抗

祝勇：感谢各位，在周五的晚上，我们能够坐在一起聊聊文学，很放松，也很难得。我的新书《故宫的风花雪月》出版不到半年，在三联畅销书排行榜上已经榜上有名，实在荣幸。今天一起对谈的作家宁肯也是老朋友，我们经常在聚会的时候聊聊文学。今天和宁肯当众表演谈文学，也算是一次难得的经历。愿我们一起度过一个愉快周末。

宁肯：就像祝勇说的，我们是老朋友了，我们大概有那么几重关系，首先从这本书来说，《故宫的风花雪月》由东方出版社出版之前，是在《十月》杂志发表的专栏，专栏名字就叫《故宫的风花雪月》，做了一年，今年又开设了一个专栏，叫《故宫的隐秘角落》。

我们《十月》杂志是双月刊，他一共写了6篇，我是祝勇这些文章的责任编辑。

祝勇： 宁肯老师是第一个看这些文章的。

宁肯： 他有这个想法之初，我们有过交流。那是他刚刚到故宫不久，想从故宫的角度写一组系列的文章，我觉得这个想法好。我作为编辑和作者一拍即合，这是一重关系。

再往前说，我和祝勇都是北京作家协会的理事，也都是北京作家协会的合同制作家。那时北京作协开会经常是在郊区，一开两天，晚上住在酒店里，我们总是有四五个人凑在一个房间，或者坐在大堂聊天，其中我和祝勇，就是骨干分子。

我最早知道祝勇，是从我一个朋友苇岸那里。他是关注生态、关注我们的天空、关注我们的大地这样一位先驱性作家。时间推移得越久，他的意义也就越大。今年是苇岸去世15周年，所以前几天我们在三联也做了一个活动。

我在1997年认识苇岸的时候，就知道了祝勇，祝勇也是苇岸的朋友，在北京大学蓝月亮酒吧搞过一次活动。

祝勇：那次我没去，没有想到两年后苇岸就去世了，让我深感痛悔。前不久我见到了中国人民大学的教授程光炜，我说初次见面，久仰久仰，他说，就是那次蓝月亮的朗诵会你没去，如果你去了我们早就是老朋友了。

宁肯：没错没错，那次祝勇他没有去成，给我留下很深的印象。我觉得祝勇这个人挺"各色"的，不太露面。没想到此后我们就很快见面了。我记得还有一次，祝勇在做一个电视栏目的嘉宾主持，叫《西藏往事》，在北京 798 艺术区一个艺术空间里。我本人在西藏生活过几年，我的创作也和西藏有很大关系，当时我作为《西藏往事》的嘉宾，口述我 1984 年去西藏的经历。那次是祝勇采访我，与我对谈。

今天我们继续聊文学，只是阵地转移到三联韬奋图书中心，也别有意味。三联韬奋书店在中国的地位非常特殊，它率先实行了 24 小时的阅读开放，这就更使它成为中国的特殊之地。某种意义上来讲，北京是中国的文化中心，文化中心的中心在哪儿呢？应该就在三联韬奋书店，三联韬奋书店始终是中国文化的地标。我们能够在这里谈谈写作，是一种幸福。

祝勇：写作这项创作跟其他文艺形式都不一样，写作是一种个人化劳动，没有表演性，相比之下，歌唱舞蹈、绘画书法都具备现场性，都可以表演，可以聚众围观。唯有写作，大部分时间是面对自己。作家与读者之间沟通不是直接的，而是通过书页进行的，是间接的，而且这种交流有时间差，因而也不是共时性的，一部作品的价值，可能几十年后才能被读者认识到，也可能永远消隐于时间的长河中，这是写作这个行当的特别之处。从某种意义上说，写作就是与寂寞的对抗，也正是由于这样的对抗，孕育出无数伟大的作品。

发现了另外一个时间

祝勇：我的这本《故宫的风花雪月》，是写故宫收藏的书画的。我在故宫博物院工作，故宫博物院的藏品是 180 万件（套），故宫博物院有很多研究者对这些藏品进行研究，研究成果丰厚，我们有学刊、院刊，不断发表各种学术论文，对故宫各种文物进行考证研究。

这些论文比较关注文物的物质性，相比之下，我更愿意去关注文物的精神性。任何物品、物质都是由人创造的，更是为人服务的，因此，我们看到的每一件冰冷的文物后面，都站立着活生生的人，都演绎着活生生的历史。历史是一种时间现象，从来不会驻足一步，已经发生过的历史，后人永远无法见证，然而，当我们触摸、面对一件文物，我们实际上是在跟它背后的历史，和它背后的人在对谈、交流。所以我觉得文物本身是有生命、有感情的。《故宫的风花雪月》写雍正《十二美人图》，我的兴趣不仅仅是判定这 12 个美人到底是谁，我的终极目标是让她们张嘴说话。

在这样的前提下，我试图通过文物，表现历史的复杂性和人存在的复杂性。所以，当有人知道我在写王羲之《兰亭序》，写《韩熙载夜宴图》时，他会说，这不是有人写过吗？我想大言不惭地说，我写的，从来没有人写过。

宁肯：祝勇去故宫工作以后，故宫在我心目中有了很大的变化，这是祝勇带给我的。在祝勇没去故宫之前，我从没在意过故宫，或者说，那只是一个知识层面的故宫，是常识的一部分，但与我无关。因此，在我的记忆中有两个故宫，祝勇去工作以前的故宫和祝勇去工作以后的故宫。当然故宫本身没有变化，变化的是我自己，因为祝勇调入故宫工作以后，他常带一些作家朋友去故宫，使我们开始对故宫有了个人化的体验。之前，我有很多很多年没有去故宫了，在我的生活中，我觉得故宫是一个不必要的存在，至少是一个不必需的存在，甚至于我很少带外地朋友去故宫，宁可去长城或者颐和园。这说明了故宫的存在基本上是静态的、固化的，除了对皇帝生活的好奇，沾一点儿"皇气"，好像并没有去那里的冲动。我们当然知道故宫有厚重的文化、丰富的文物，但是这又跟我有什么关系？因此，故宫是一个占据着我们城市的中心，却与我们的生活无缘的存在。许多北京人，可能二三十年都没去过故宫一次。当祝勇去了故宫工作，我觉得非常新鲜，我身边有一个朋友居然是故宫的工作人员，这让我感到神气。我想在只有一个人或者几个人的时候去看看故宫，有一次祝勇就满足了我的这种要求，带我们去了一些"隐秘角落"，我记得那一天还有林白、格非、李洱，我们一直待到黄昏，在故宫闭馆之后，体验到了那个空旷寂寞的"紫禁城的黄昏"。

当时给我一种非同寻常的感觉，一个在我现实生活中不可能出现的感觉。我记得那天晚上我恋恋不舍。而且还出了点小状况，因为他们都走了之后，我自己又偷偷地回来了，我没有出门，我又往故宫里面走，一直走到景运门外珍宝馆那个地方。我在那天发现了另外一个时间。我们有格林威治时间，有北京时间，各国都有自己的标准时间。总的来说，这些时间都是现在时的，而并非过去时的。但是那一天，当我一个人在太阳慢慢落下，月亮慢慢升起的时候，在那么浩瀚的宫殿里漫步，我真的觉得自己不是生活在现代，而是生活在古代。在这个空间里，时间绝对是独立的时间，而不是北京时间，更不是格林威治时间，它就是故宫时间，是历史时间。当时我就觉得，故宫在我心里的印象一下变得和过去不同了。

第二个不同是，在那种时间的感觉里，我已经有了一种潜在的期待。这种期待就是，像故宫这么一个巨大的历史的存在，时间的存在，怎么没有人用一种现代的语言，用一种个人化的眼光去讲述它呢？

所以，在那个夜晚，我和故宫的关系，完全是一种个人和历史的关系、个人和故宫的关系。我对故宫完全不了解，但是我内心里面充满了语言，充满了一种讲述的欲望。我就想跟别人讲一讲我此时此刻在故宫的这种感受。我也希望跟故宫这些亡灵,这些过去时的宫女们,进行一些交流,做一些对话。

我的这种欲望被祝勇实现了。很多故宫的研究者、解释者,他们缺少一个个人化的灵魂,他们都在那儿做说明文,这个东西是什么,哪年哪月,全是在考据。就像文物的擦拭者,把某件文物拿起来端详一下,再把它擦擦,年代不清的重新写上,然后再放在那儿。这个物品背后的东西是什么,它和我们到底有什么关系,都不做说明,都不做解决。

这些考据,难道就是这件文物的一切吗?当然不是。一个物品包含了太多的东西,罗丹说过,我们不是缺乏美,而是缺乏对美的发现。一件物品一幅画,它里边有着无声的语言,有着无声的历史。这个历史和一个人的认识有非常大的关系,和个人化的认识、创造性的发现有极大的关系。我觉得我们始终缺少发现。中国地大物博,历史丰富,文化典籍那么丰富,但是缺少一个现代的、个人化的叙述,缺少用生命去感知,用一个活体的生命去感知它,讲述它。

不仅仅故宫是一种静态的、固化的存在,我们整个历史都有这种特征。我们过去研究历史、文学、哲学的人,研究文化的人,研究古玩的人,都是盲人摸象,摸着什么是什么,没有人,或者很少有人用我们每个普通读者都能感觉到的个人化的视角、感同身受的东西去解读它。

祝勇：美国有一位重要的汉学家，名叫约瑟夫·列文森。1951 年他曾在加州大学伯克利分校任教。伯克利有雄厚的汉学基础，我当年去伯克利做访问学者，主要是冲着伯克利出过列文森这样的汉学大师，而另一位重要汉学家魏斐德正在那里工作。列文森有一个重要的观点，就是中国传统文化在很多方面被博物馆化了。虽然中国传统文化还存在于中国人的心灵里，而且可以看得到，有时还可以摸得到，但这些已经不属于他们了。"不属于他们"的意思是说，这些东西没有很大的生命力，在社会上没有起积极的作用。这就叫博物馆化。如果讲得露骨一点儿，很多从事国学研究的学者，在研究中国文化时，也把历史和文物完全对象化了，就像研究埃及文物一样。考古发掘出来的宝物，和我的生命没有多大的关系，尽管我可以做出很好的描述。

杜维明先生在解释这个问题的时候，还特别举故宫博物院为例。当然，他是指台北故宫博物院。他说："很多来台湾的学者，无论东方的、西方的，来的目的就是到故宫博物院。他们看完了就走。我有几位朋友到台湾，任何地方都不去，就是到故宫博物院。他们说这就是中国……

但因为博物馆化了，跟埃及文化一样。埃及文化现在在大英博物馆里，而在本地已经找不到了，要到最好的博物馆才能看得到。好虽好，但它是死物，已经是对象化、外在化了的东西。"[1]

宁肯： 我们认识事物首先要靠感知。我们有感觉，我们首先要感觉它，然后才知道它。然而，在很多时候，我们所做的完全背道而驰，是把感觉给切掉，我们先知道它，把它变成知识、概念、词条，而不是生命或者时间的一部分。那些割裂的研究，割裂的讲述，割裂的著作，著作等身一年一年在那儿堆积，与我们的感觉、生命无关。

故宫是一个特别好的角度，因为中国历史这么大，这么漫长，你从哪儿下嘴去讲？整个中国历史，故宫是一个缩影。怎么才能激活呢？祝勇这样一个现代的人，中国一个新散文作家，他让故宫有了温度，有了气息。

祝勇去了故宫，太好了。

---

[1]杜维明：《现代精神与儒家传统》，第 341 页，北京：生活·读书·新知三联书店，2013 年版。

祝勇：刚才宁肯说，故宫有它自己的时间，听到这里，我心里一动。我们的生活、思想，都被一个共同时间格式化了。时间意味着规则，甚至是规训。我今天晚上 7 点钟必须赶到三联，参加这场活动，这是时间规定我的，我不能违背时间的意志，否则我必然会背上失信的罪名。我们每个人手机里面时间都是一样的，我们必须按照共同的时间去工作和生活。当游客进入故宫的时候，尽管他们来路不同，身体有异，却被一个共同的时间同化了，有无数信息在提醒着他们共同时间的存在。每一个人都是一个共同世界的一部分，而不是他自己。为什么宁肯在那一瞬间，感到共同时间消失了，留下的只有故宫自己的时间？那是因为在晚上，时间的信息消失了，共同的时间也就不存在了，故宫返回了它的自身，故宫中的人也返回了他的自身。

很多年前，我曾经陪着白先勇先生在深夜的故宫走过。我在宫殿里，这就是"我的宫殿"，而不是"别人的宫殿"（张锐锋一本书的名字）。我把"我的宫殿"转移到纸上，就是我的作品。在这里，我有充分的权力，所有一切都要服从我的意志，连皇帝也不例外。我在《血朝廷》里过足了"摆布"皇帝的瘾，在《故宫的风花雪月》里，雍正皇帝也要听我的评判。在这个时刻，他们归我来掌握。

这个时候，如宁肯所说，写作的冲动会非常强烈。这并不是像电视剧里面所说的，一下就穿越了，在那一瞬间，几百年的时间已经没有了，我们和几百年前的那个人是贴在一起的。为什么我要把故宫里这些文物当成活的来看？原因正在于在他人眼里，在我们与文物之间横亘着漫长的时间，而在我眼里，这个时间并不存在，假如我们能够触摸到文物，我们也一定能够同时触摸到"古人"的手。只有把文物当科学研究对象的时候，才有时间的横亘。当我们把它当情感交流对象的时候，时间就不存在了，时间抽空了，我们和文物背后那个人是紧紧贴在一起的。

每一件物体背后都有人。举一个简单例子，现在我手里这个手机，我相信再过 10 年它就会成为文物，再过 100 年，我们都不存在了，它就会被故宫博物院的研究人员发现，打开一看，里面有电话簿，他就会去研究这个手机的主人是谁，和电话簿里的这些名字发生了什么样的故事，而不仅仅是研究手机是哪个厂家生产的、什么型号。这个时候，他的研究才真正开始。

以《清明上河图》为例。这是一幅画，很简单。但是我在面对它的时候，它既是一幅画，又不是一幅画，它是一扇窗口，你的视线是能透过去的，如果它仅仅是一幅画，视线就到这儿停止了；如果它是一扇窗户的话，里面每一个小人儿都会活起来，你会看到当年在这个桥上活动的每一个人，看到他们的命运，看到他们各种各样的往事。他们是带着怎样各自的命运出现在这幅画里，被一个叫张择端的人一笔一笔画下来，经过上千年的流转之后，被收藏在故宫博物院的。

在画的面前，你的视线得以延长。古代的人跟我们今天的人是一样的人，甚至面对的问题都是一样的。他们跟我是平等的，我为什么说雍正皇帝也得听我的呢，这不是狂言。他不是一个穿龙袍的画像，他也是具体的肉身，他所面对的问题、他那个时代面临的问题，和我们今天的时代面临的问题有许多都是相通的。只要是人，就有对话的可能。这本书就是在这样的对话中产生的。我所面对的，是书是画，又不仅仅是书是画。

文学的故宫是生命的故宫

宁肯：这次对谈叫"文学的故宫"，这是一个什么样的概念？文学是反映生命的，文学的故宫是生命的故宫。换句话说，祝勇到了故宫，赋予了故宫以生命。我觉得这是祝勇这本书最大的贡献，也是这么多年来没有过的贡献。从祝勇开始，我觉得特别有意义。

赋予了故宫以生命，也是赋予历史以生命。《永和九年的那场醉》让我想起一首诗，我们和另外一位散文家张锐锋也讨论过这首诗，大家都会背："窗含西岭千秋雪，门泊东吴万里船。"很多时候我们通过窗口才能看清万里千秋雪，从一个窗口看，赋予它一个形象。

祝勇：千秋雪、万里船，一个时间、一个空间，气概大到极致，但它们却是通过一扇窗、一扇门表现的，在杜甫笔下，那扇窗、那扇门都是一个取景框，这个取景框叫个人视角。个人化是写作的重要路径，很多年中，我们忘记了这个路径。假如写千秋雪，就直接写千秋雪；写万里船，就直接写万里船，看上去气势磅礴，但失去了个人视角，也就失去了时空上的纵深感，失去了文学的弹性。我们看二月河的小说，看姚雪垠的《李自成》，当时那么火，但是它们缺乏一扇门、一扇窗，缺乏个体生命的观照，那一部分写作应当是过时的。

宁肯：每个人都应该提供他的窗，提供他的门。不同的门、窗，提供了不同的世界景象，这才有文学世界的姿态万千。杜甫用了"窗含西岭千秋雪"，这就是创造。祝勇通过故宫角度看文学，也是一条正确的路径。比如《兰亭序》，我们尽人皆知，但是对它我们已经没有反应，但祝勇写得非常好。《兰亭序》包含了多么丰富的生命的信息。而后世的人大部分人都是盲者，就知道它好，而丧失了体验力，丧失了对话的能力。祝勇对固化的信息进行了重新编码。当我读到祝勇第一篇稿子的时候，我就给他打电话，我说我从来不知道存在这么个《兰亭序》。他带来的那种感动从来没过，它使我认识到《兰亭序》是王羲之在那样一种状态之下，在灵光一闪中完成的一件不可重复的杰作。从某种意义上《兰亭序》是我们中华民族文化的神经末梢，什么时候看，它都存在，它都活着。什么时候看这个作品，它都永远活着，就是在字里行间那么活跃地活着。谁解读过这种活跃性、这种活性？祝勇重新感知了它，解读了它。他几乎还原了那个现场。

祝勇：有一个读者说，她没有想到一篇写书法的文章居然能够让她流泪。这个读者不是外人，是我太太。

宁肯：所以读完之后，我确实有一种身临其境的感觉，更深入感受到《兰亭序》的伟大。《永和九年的那场醉》，一个"醉"字，就把《兰亭序》那种生命的状态囊括了，非常的文学，非常的生命。我们通过故宫看到了《兰亭序》，通过《兰亭序》我们感知到了 1000 多年前的生命，而且那个生命是那么高级、那么鲜活，现在还在感染我们。它呼唤 1000 年之后可以跟它对应的那个生命。这个生命就是祝勇。除了是祝勇，也可以是每个人，因为读了祝勇的文章，再去看《兰亭序》，我相信每个人都会找到自己的感受，找到自己的解读。这就是艺术的伟大。

　　另外一个例子，也让我感到非常惊讶，就是《韩熙载，最后的晚餐》。祝勇的写作也非常惊艳。祝勇对韩熙载做了精神分析，用现代最前沿的理论，包括福柯的精神分析和历史分析方法。文学的核心是生命，生命就是直觉，也是思想。没有思想的高度，我们很难与古代的东西对应起来。

　　博尔赫斯说过一句话，他说，某种意义上是后人使前人变得伟大。什么意思？就是前人已经在那儿存在了，后者始终认识不到他，体会不到他的价值，没有对他进行继承和发扬。只有后人继承和发扬之后，前人的伟大才能真正实现。卡夫卡就是一位使前人变得伟大的人。卡夫卡认为生活存在很多荒诞和悖论，他把荒诞彻底进行了建构、深入的表现，因为对荒诞的表现而驰名世界。后来人们研究卡夫卡受谁的影响。如果没有卡夫卡，那个人就会永远埋没在时间长河里边。由于卡夫卡，那个人被发现了，他使那个东西产生新的意义。

祝勇重新发现了《韩熙载夜宴图》，让我非常惊讶，我没想到在《韩熙载夜宴图》这幅画中，包含了那么多的现代性。我以为它就是属于古代，是封闭性的。但祝勇让它充分敞开了，我在《韩熙载夜宴图》里又看到了现代性的东西，那种卡夫卡式的荒诞和悖论。

比如，这么一个伟大的作品，竟然是以一种腐朽的方式产生的，而且这种腐朽、这种糜烂，到了让人吃惊的程度。一颗伟大的果实，居然结在腐烂的根上。我们过去觉得一个很健康的老玉米，结出一个健康的玉米棒子，这是事物正常性。但是历史上很多文化现象不是这样，一个很好的东西可能是结在很烂的东西身上，善和恶是剥离不开的。由此我们可以知道《韩熙载夜宴图》是那么的神奇。祝勇看到了其中好几层的关系，在作品中一层层地讲述，写作过程完全是哲学思辨的过程。这里边包含着的思维方式都极其丰富，完全可以用福柯的理论去阐释它。同时我觉得可以阐释出更新的东西出来。

我下面还跟祝勇聊福柯，聊法国当代哲学，我觉得祝勇已经具备了思想前沿的理论背景，所以他看事物是能够把过去、现代和前沿的东西打通，游刃有余。我觉得祝勇还可以做得更好一点儿，更加自觉和深入地利用当代前沿思想。我觉得最能体现现代性意义的作品就是《韩熙载，最后的晚餐》，是特别前卫的一个作品。重述历史，让古典作品和现代人发生关系，这是一个范本。

祝勇：为什么说是"文学的故宫"呢？从宁肯刚才的阐述来讲，我们会发现，当你换了一种眼光，它的意义也会发生变化。杜甫说的"门泊"或者"窗含"，是换了一种眼光。有人说，文学是不是不靠谱啊，因为提到文学有人首先想到虚构，你的文章里边是不是有很多不靠谱啊？我想说的是，刚才我们讲的对学术研究是需要的，学术研究本身需要一个规范性，比如名词术语的规范性，我们要对它表示敬意。但是在这之上，我强调文学性，也不回避虚构，我认为虚构是很了不起的事情，它考验着写作者的创造力。

具体谈到这本书，我认为没有虚构的成分，这部书它还不是一部虚构作品，它建立在学术研究的基础之上，是一部非虚构作品。所以这本书里面有很多的注释，很多人看了注释之后就不知道这是什么样的书。假如说是文学作品，怎么还有注释？假如说是学术著作，又不是按照那样的套路去写的。

关于注释的功能，第一，我想把某些史实和论证的部分，单独提出来作为注释，作为我行文的证据，证明我不是瞎编，我不放到我文章里面去，是不愿用这些生硬的史实打断我行文的连贯性。

对于文本本身，我强调它的文学性。有人问我，你又不去虚构，怎么强调文学性？

历史本身它就是非常有戏剧性的，历史本身所包含的戏剧性，远远超出我们的想象。历史把它原有的文学性掩盖起来，我们看到的是芜杂的历史信息，实际上，历史中很多戏剧性情节本身，是小说家虚构不出来的。

我为什么对史料这么津津乐道？因为在这些貌似枯燥的史料中，我们能够发现很多无法想象的事实，比如韩熙载，刚才宁肯做了一个简单的叙述，如此杰出的一部美术作品，居然是从一个毒瘤上长出来的。还有宋徽宗，书中有一篇《宋徽宗的光荣与耻辱》，写到他的艺术和他的悲剧。宋徽宗赵佶，创造了瘦金体。尽管在他之前和在他之后，都有人写瘦金体，但只有在他的手里，这种极端主义的字体才臻于完境，出神入化，成为一种极具个性的字体。宋徽宗在书画艺术上的成就怎么评价也不过分。我们看《水浒传》，知道宋徽宗是一个昏君，任用小人。后来北宋被金国所灭，昔日至高无上的皇帝被绳子所绑，带着几千宫女，被押解到北方，最后到达五国城，东北荒寒之地，坐井观天。

一方面，宋徽宗是个强者，在艺术领域里纵横捭阖，天下无敌；另外一方面，他又是政治上的弱者。真正的戏剧性在于——征服了北宋的金朝，他们的皇帝居然全都是宋徽宗的"粉丝"，而且是"铁杆粉丝"。金朝的几任皇帝，他们虽然在武力上有气吞万里如虎的气势，文化上他们却跟在宋徽宗的屁股后面，亦步亦趋。宋徽宗是占领文化最高点的，所以金朝几任皇帝都想学瘦金体，但没有一个写得好的。尽管宋徽宗是一个阶下囚，连饭都吃不饱，但看到金朝皇帝写的字的话，鼻子里一定会喷冷气的。这种历史戏剧性，难道不耐人寻味吗？

在宋徽宗的身上，也体现出十足的戏剧性。他在北国当俘虏的那些年月，之所以能活下去有两个原因，一个原因是他还能写字，这是精神支柱。遗憾的是，他写的字是拿来干什么用的呢？金朝让他写，拿到金国边境去卖，可以换外汇。金朝人要用宋徽宗的字去挫败宋朝人抗金的信心。意思是说，你们从前的皇帝是金国的阶下囚，他的每一顿饱饭都是金国赐予的，金国皇帝说一，他不敢说二。

第二个原因，是他梦想着有朝一日继续回到宋朝，继续当皇帝。很不幸，这个皇帝他永远当不了了。不是别人不让他当，是他儿子——南宋高宗赵构不让他当。皇帝的名额只有一个，你回来了我怎么办啊？所以就是说天底下万千众生，只有一个人是最不希望他回来当皇帝的，就是他的亲儿子赵构，这又是一个悖论。

宋徽宗最后是含恨死在北国。和他一同被俘的北宋末代皇帝宋钦宗之死，戏剧意味就更强了。当时金朝的皇帝俘虏了两个末代皇帝，一个是宋朝的宋钦宗（宋徽宗已经死了），一个是辽朝皇帝。有一天金朝皇帝心血来潮，把那两个皇帝押上来，三个皇帝会一会。金朝皇帝想干什么呢？他想过把瘾，让这两个皇帝决斗。两个奴隶决斗，二者必死其一，这就是这两位末代皇帝荒淫误国的代价。

两位末代皇帝在马上决斗，显然辽朝皇帝更胜一筹。但他觉得这是逃跑的最后一个机会。他想纵马出逃，金朝皇帝下令射箭，金兵就把辽朝皇帝活活射死，宋钦宗看到这种场景，吓得从马背上跌下来，被马蹄活活踏死了。宋、辽、金，三个皇帝中一天死了两个，这种戏剧性很像是小说家编出来的，但是这就是真实的历史。我在注释中注明了出处，正是为了把它的史料来源告诉读者，让读者相信这些是有记载的，历史戏剧性本身往往超出小说家的想象。历史本身就是一出大戏，史学本身就是跟文学紧紧相连的。我们如果不是用文学方式来表达历史，而仅仅用公式化方式来看待历史的话，我觉得是无比的损失。

文学一直在模仿历史

宁肯： 刚才祝勇谈到关于历史和文学的关系，说得非常好。先有历史，才有文学。比如小说，发展得非常晚。中国严格说从唐朝才有小说——唐传奇。假如以小说代表文学，文学一直在模仿历史。

除了小说，还要有文体，比如散文，在不断地发现历史的文学性。祝勇是"新散文"的主力，我也是"新散文"

的一员，所以我这里想讲一讲这本书和"新散文"的关系。

我们一提到散文，都是指传统散文。我们上学的时候，语文老师教给我们，散文有抒情散文，有记叙性散文，到中学最简单，就是议论文和记叙文，这就是散文的关键。多年来，这样的观念充斥整个文坛，基本上没有脱开中学语文教育的定义。

新时期小说发展了，诗歌也发展了，有各种各样的形式，有各种各样的探索，唯独散文一直停滞不前。小说有很多派别，有写实，有超写实，各种各样，诗歌也有很多，唯独散文没有。许多专注于散文文体的写作者，对此非常不满。因为散文从它本义来讲，最接近语言。从世界文学的潮流来看，包括哲学的潮流来看，都在向语言看齐。包括哲学也开始转向语言。

祝勇：语言是 21 世纪西方哲学三大关键词之一，一个是身体，还有一个是他者。身体，他者，语言。

宁肯：哲学有一个转身，就是转向语言，从语言角度认识世界，语言不再是工具，语言就是本体。很多哲学著作都写得很像散文，不再是建构体系、建构范式，而是通过对语言的深入研究，打破了黑格尔的体系。

祝勇：比如罗兰·巴特的哲学著作，我们看起来很像散文，还有本雅明，不再是黑格尔那套硬邦邦的东西。钱锺书先生曾说，哲学的价值，并不在于体系的建构，而在于深度。钱锺书先生的著作就不是体系性的，而是碎片式的。其实，中国先秦主要思想家，如孔子、老子、庄子，他们的哲学思想都是通过片段来表达的，像《论语》《老子》《庄子》这些著作，既是哲学，又是文学（散文）。

宁肯：我们点到为止，大家有兴趣可以去研究。现代的散文，我们理解的散文应该是在这个意义上的散文，包括对人类生存的整体哲思，而不仅仅是微小的记叙文、议论文。

祝勇：简单说，散文不只是朱自清的《背影》、冰心的《小橘灯》。

宁肯：散文所承载的精神性的东西，是历史，是散文，是诗歌，是非虚构，除了虚构它什么都是，也应该都是。这就是散文。散文是什么，散文某种意义上就是思想，就是发现，就是通过语言去面对一切。这是我们意义上的"新散文"。我们中国缺乏个人主义的传统。大家都知道鲁迅先生那句名言，我们的历史，字里行间歪歪斜斜只写了两个字——"吃人"。"吃人"，就是消灭个人。我们没有个人，没有独立思想，没有会思想的大脑。每一个人都要依附在一个整体世界里边，成为沉默的大多数。但是，在祝勇这本书里，我发现了这种个人主义。祝勇写倪瓒，写他的洁癖，甚至如厕的时候，在下面覆盖了羽毛，让他的排泄物被鹅毛掩盖。但他最终的结局，却是在王朝鼎革之际，被新的皇帝弄死在粪坑里头。专制制度在消灭个人的时候是毫无情面的。正是因为意识到个人的价值，祝勇才写下这样的一幕。

读者甲：请问祝勇老师，您是怎么把握历史事实与自己的言说这样一个关系的？要达到什么样的度？

祝勇：历史事实不能出错。在写《清明上河图》那篇文章，就是《张择端的春天之旅》时，我看过所有我能找到的研究《清明上河图》的文章，当然这些文章说法都不一样。人文研究，包括历史研究有一个很大特点，它的结论不是唯一的，所以我就不相信鉴宝那些人，上去就说你这个值30万，为什么不是29.8万？为什么不是31万？30万的结论是怎么得出来的？有什么根据呢？历史研究的结论经常不是唯一性的，但也不是信口雌黄，为此，我肯定要在这方面做些扎扎实实的研究。

写一幅书画，决心不是容易下的。比如，《永和九年的那场醉》这篇文章，我前前后后写了一年多。我就是想写，有话想说，写了以后觉得不行，写不了。没有对话可能性，我干脆放着。我都觉得这篇文章废了，都不再想了。过了很长时间我突然一下子把它拿起来，一气呵成，把它写完。

也有写不成的。我心里面徘徊很久的一件书法作品，是李白《上阳台帖》。李白，我们知道他是大诗人，了不起，张大春也写了《大唐李白》。我们很少有人知道李白是大书法家，因为他诗名太大，把他的书名给掩盖了。李白草书非常漂亮，汪洋恣肆。我们今天能够见着的李白的字，全世界只有一幅，就是《上阳台帖》，这么一小块，字也不多，25个，全世界只有这么一件，在哪儿呢？就在故宫博物院。他的草书跟别人的草书都不一样，真是漂亮至极，到目前为止，我没找着那扇窗户，不得门径而入，所以那件草书还是李白的，不是我的，等我写出来它就是我的，没有办法，放在那儿还是李白的。

读者乙：今天说到故宫，两位老师说，你们看文物是用文学的、个人化的角度来看，我想前几年比较流行写历史的一个，应该是黄仁宇，我想问您怎么看他的文章？

祝勇：我非常尊敬黄仁宇先生。他就不是学究，他对历史研究非常深入，他有他自己的一套研究方法，比如《万历十五年》，至少不是中国大陆传统史学的写法。《万历十五年》不是大事之年，而是平常之年。作为研究历史来说，平常之年肯定比大事之年更有研究价值。黄仁宇单刀直入，一头扎进万历十五年，他是我行我素的历史研究学者。还有史景迁，他的历史著作可以当小说来看。历史和艺术本身不分家。他有一本著作叫《王氏之死》，他学术小说研究的主人公绝对不是名人，不是雍正皇帝，不是康熙皇帝，就是一个普通人，他从县志里找到一个王氏，连名字都没有，但他通过这样一个人，切入当时的历史时空。

　国外的历史学者有非常个人化的表达方式，跨界，不固步自封。史景迁、孔飞力、黄仁宇的思路对我影响还是挺大的。我把辉煌聚光灯下的事物放在一边，去看更多没有纳入聚光灯下的事物，更有代表性。

读者丙： 因为我是女士，我的问题与这个相关。因为您的作品，都是比较男性化的，想问一下祝勇老师，您有没有冲动，去描述一个女性，想把她们作为窗口的存在？有没有触动您心弦的女性的存在？是一种什么样的存在？

祝勇： 女性读者就是不一样，我从来没有发现过我是从男性视角写的，第一次意识到这个问题，书里边主角都是男性。

《血朝廷》里我做了个实验，我觉得挺有意思的，我变成几个人，变成他们肚子里的蛔虫，从他们的视角看大千世界，看那段历史。《故宫的风花雪月》的确涉及的女性比较少。原因之一是，男性写作者和女性写作者还是有很大差别的。女性的内心世界，我觉得作为男人还不是特别好去理解。（众笑）真不是特别好去理解，但也不是说完全不可能。在这本书之后，我下一个专栏，已经在《十月》上登了好几篇了，就是叫《故宫的隐秘角落》。通过这些建筑看这个建筑里面的人，也是通过物来看人、看历史，思维方式也是一样，也是找那么一个门找那么一个窗。

在这个专栏中，我把很多目光聚焦在女性身上了。三大殿是旅游开放区，大家相对熟悉，所以这部分我不写，我写的全部是后宫，后宫当然是女性多，因此，《故宫的隐秘角落》可以说是一部后宫之书，目光很自然落到女性身上。刚刚发表的一篇，就是写慈宁宫花园的，这里边的人全都是女性。比如说顺治皇帝死的时候才 24 岁，他的皇后才 20 岁，皇后 20 岁就当了皇太后，她的上一辈大家都知道是孝庄，孝庄本来是皇太后，顺治皇帝一死就变成太皇太后，变成奶奶辈，这一年她才 48 岁。身为前任皇帝的后妃，她们是不能生活在三宫六院的，所以在紫禁城的西北一隅，为她们开辟了住所，慈宁宫就是其中之一。我曾经进入慈宁宫花园，荒草没过膝盖。如无意外，明年就开放了，欢迎大家去。

最近写了一篇关于吴三桂和陈圆圆的文章，写他们的后半生。吴三桂冲冠一怒为红颜，这个讲得太多了。我写吴三桂和陈圆圆的爱情大结局。这又是关注女性，我的视角或许在向女性转移。女性读者有什么意见，我们可以随时在微博上讨论。

所有习以为常的事物背后，
都藏着一个历史的入口
——答《北京晚报》记者问

"风花雪月"只是表象，"血雨腥风"才是本质

《北京晚报》：首先祝贺您刚刚获得第三届"朱自清散文奖"。虽然它并非是为单个作品而颁，但我认为，这部《故宫的风花雪月》，肯定是里面很重的一个砝码。当然，写作不是为了得奖，也诚如您做获奖感言时所说，您写作这么多年，其实很少得文学界的奖。但大家都注意到，当年写青春散文的作家，在写完《旧宫殿》后，完成了一个从文学到历史的转身。这样说或许也不确切，因为您的写作仍不同于那些沉浸在史料爬梳中的纯历史研究者，进入历史，是为了让历史的细节丰盈你的笔端。总的来看，我认为它仍然是一个多主题、多向度的文学书写。《故宫的风花雪月》其实也不例外。最近故宫博物院正好在进行书画展，

我觉得正好和您一起谈谈您所认知的故宫的这些秘密瑰宝，也进而谈谈您为何会有一个写作的转身。因为之前，文学界把您、张锐锋、宁肯、庞培等几个人所写的不同于以往散文写法的文章都叫作新散文，但现在看来，用"新散文"来定义您的写作，似乎也不合适了。

祝勇： 现在的写作越来越复杂。文学写作，尤其是散文，早已不再是通过一个小故事，表达一种小情绪、说明一个小道理的时代了。朱自清是伟大的散文家，但对于我们来说，那一代人的写作也只提供了一个"背影"，只不过这个"背影"造型优美、丰韵犹存。有人把余秋雨当作散文的范本，这样的观念也至少滞后了十几年。"新散文"从结构到内涵，都为散文赋予了更多的复杂性，这是"新散文"的意义所在。它使散文拥有了能够与小说、戏剧等量齐观的分量而不再是轻薄短小的花边文学。这是对朱自清那代散文家最好的继承。

我对历史的关注最早始于《文明的黄昏》那本散文集，1996 年由中央编译出版社出版，至今已经 18 年了。2003 年出版《旧宫殿》，对我来说无疑是重要的，一方面是因为这部作品结构复杂，把多种文体组合在同一个文本里，评论界称为"互文性写作",各部分配合却产生了意想不到的效果,像多声部的合唱,形成了"立体声";另一方面是这部作品把我的目光引向了故宫,从此开始了对故宫的书写。

有人问,从前是"旧宫殿""血朝廷",现在怎么突然"风花雪月"起来了?其实就像你所说的,《故宫的风花雪月》本身也是一个复杂文本,是"多主题、多向度的文学书写"。它不只是谈故宫收藏的那些美丽的书画艺术作品,而是把这些纸上艺术品也当作历史的"遗址",从中搜寻历史的隐秘线索,发现曾被我们忽略的历史暗角。因此,这本书是具有"穿透性"的,让我们的目光不被那些精美绝伦的画页所迷惑,而是"穿透"到它们的背面去,看到更多的被历史封埋的面孔,见证更为复杂的人性。

《故宫的风花雪月》上市几个月,销路不错,现在正在重印,重印时的腰封推荐语改成了"风花雪月的背后,永远是刀光剑影、血雨腥风"。"风花雪月"只是表象,"血雨腥风"才是本质。

至于这样的写作到底算是"新散文",还是历史"非虚构",我都不在意。"新散文"也不是我命名的。眼下无论散文写作还是历史写作都僵硬化了,我用自己的写作

眺望后三宫，郑欣淼摄

来对抗这种僵硬化，努力提供一种有深度的、同时也好看的文本。

《北京晚报》：当然，用文学的笔法来复活历史的方方面面，历来都存有争议。史景迁那么著名，海外史学界仍然有因他而起的争议，就是因为他写得太好看而近乎诈。具体到您的写作，文学与历史，您自己如何定位这二者的关系？

祝勇：史景迁被称作"历史学界的小说家"，因为他会讲故事，能够把历史中最细小却最生动的那一部分准确地提取出来，把历史写得像侦探小说一样引人入胜。史景迁与魏斐德、孔飞力并称美国"汉学三杰"，他们对我的影响都很大，因为从这些西方汉学家那里，我发现了历史的另一种写法。我 2006 年之所以接受美国加州大学伯克利分校（简称伯克利加大）的邀请，就是冲着魏斐德去的，他的一部《洪业——清朝开国史》令我痴迷，后来我才知道，他是伯克利加大历史系的主任，没想到我因为受伤而迟延了几个月的行程，伤愈到加州时，魏斐德刚刚去世一星期，可以说是失之交臂。然而在魏斐德的追思会上，我却意外结识了他的老朋友史景迁。命运的机缘巧合，像历史一样不可捉摸。

每个人的写作都是在摸索一条自己的路，我的写作则是文学与历史的结合体——它既不是一些历史学者写的八股文字，也不是作家写的历史小说或历史散文。所以对我的书很难给出准确的分类，在书店里放在文学架上或者历史架上都有点委屈，但我不在乎怎么分类，我只管写出好的作品。

除了《血朝廷》是一部长篇小说外，我的其他作品都是非虚构，《故宫的风花雪月》当然也是非虚构的写法，说它是"散文"，或者"大散文"也可以。史景迁能够把历史著作（诸如《王氏之死》）写得像侦探小说一样引人入胜，是因为历史本身就跌宕起伏，充满了转折和意外，有足够的戏剧性，不需要再虚构了。以我们那点小机灵去虚构历史实在是太高看自己了。没有虚构的历史，比经过了虚构的小说还像小说。我们许多历史著作写得呆板，一二三四，开中药铺，缺少的不仅是才气，而且是在复杂的历史中抽丝剥茧的能力，实际上是缺乏讲述能力。我在《故宫的风花雪月》序言中写："李自成登基那一天，他没敢选择太和殿，那气场太强大，让这个草莽英雄一下子就失了底气，于是选择了偏居西侧的武英殿，登基的当天夜里，李自成就带着他的人马匆匆离开，再也没有回来。功败垂成的李自成不会知道，三百六十多年以后，有一个名叫祝勇的故宫博物院研究人员，上班时都要从那座让他刻骨铭心的宫殿旁边走过，心里想象着他登基时的窘迫与仓皇。"很多人一看，就觉得好看。

历史地打量艺术品，它们都是历史的遗址

《北京晚报》：通过一幅画、一个艺术现场的描摹与生发，让人去认识一段中国古代绘画的艺术史，进一步了解艺术与人的关系、政治与艺术的关系，以及艺术与国家命脉的关系。这是您的历史之笔的层层推进法。我注意到，从东晋兰亭雅集开始，您大概涉猎了东晋、南唐、元、明、清等几个朝代的作品，以及它们后世的流传史。很想知道，故宫藏画非常多，为什么您会首先从这几幅作品入手？哪些因素激发了您的创作力与想象力？

祝勇：先讲一个故事，1959 年 9 月，中国发现了大庆油田，甩掉了"贫油国"的帽子。当时《人民画报》封面发表了铁人王进喜的照片，日本的情报分析者们就根据这张照片，一步步地分析出这个新油田所在的位置。他们先是根据王进喜身上穿的棉衣确定这个油田在中国北方，然后再通过画面上的其他因素，比如照片上的土壤、植被、地貌等，一步步确定了油田的准确位置。因为石油是战略物资，当时又是在冷战时代，所以日本这个情报非常有价值。

这个故事告诉我们，每一幅图像，无论我们如何掩饰，都会透露很多秘密——有时候掩饰本身也是线索，就像一个作案者，在现场不留任何蛛丝马迹，这本身就是一条线索，告诉我们他是一个作风缜密的作案者。万事万物皆有因果，没有孤立的事物，这就是我们今天能够对千百年前的图像密码进行解码和破译的原因。

我认为所有让我们习以为常的事物背后，都藏着一个历史的入口。我喜欢从这里出发，去发现它背后的隐秘。当年《旧宫殿》所写的故宫，表面上人人熟悉，实际却呈现了一个人们看不见的故宫。同样，《故宫的风花雪月》也是从大家熟悉的艺术品出发，走向那些人所不知的角落的。像王羲之的《兰亭序》、顾闳中的《韩熙载夜宴图》、张择端的《清明上河图》、宋徽宗的瘦金体书法《秋芳诗帖》，还有雍正时代的神秘图像《十二美人图》，对艺术史稍有常识的人都会知道。但我选择它们，不仅因为它们是艺术上的名作，更是因为一旦将这些艺术品与历史打通，我们打量它们的目光就发生了变化，它们不再只是艺术品，而是历史的"遗址"，细心的人可以从中发现历史留给我们的物证。在这些物证的背后，还潜藏着更多的"证据链"，环环相扣，引导我们发现更多的"真相"。所以每一幅画里都潜伏着许多悬念，激发起我们对于那些消失的历史的无限好奇心。

《北京晚报》：从绘画管窥时代的风貌与兴衰，这个角度很特别。但无论怎样，您涉及的作品仍然是传世名作，而且被人从各个角度解读了千遍万遍。这里如果没有自己的发现，仍会给人拾人牙慧之感。

祝勇：你很敏锐，这正是这部书最困难的地方。我选的这些作品，就像一片"遗址"，已经被各路侦探翻找过一千遍，挖地三尺了，再发现新证据的可能性几乎为零。但我向来喜欢有挑战的写作，像跳水比赛，难度系数越高，得分就可能越高。当然，这不是无知者无畏，我不打无准备之仗，为了避免一败涂地，我几乎找来了到目前为止所有的研究材料，不仅是故宫博物院的研究资料，还动员一切可以动员的力量，从许多其他博物馆中寻找材料。比如《清明上河图》，辽宁博物馆就曾编过一本非常厚的论文集，我费了九牛二虎之力才找到它。知道了哪些地方是"开放区"，才能知道哪些地方还是"未开放区"——就像故宫的"未开放区"一样，或许那里才是最幽魅、真实和生动的所在。

这里更重要的是眼光的变化，我不仅仅把它们当作艺术品去欣赏，而且是当作透视历史的一种媒介。假如你问这本书中有没有"独特发现"，我想是有的。比如《韩熙载夜宴图》让我意识到了窥视的存在。而且窥视者不止一个，而是螳螂捕蝉，黄雀在后，这是一组层层递进的窥视关系。然而，最超出想象的还不只是这些，而在于那个被窥视的人已经察觉了窥视者的存在，因而故意进行了一番表演，向对方传递了假情报。

《北京晚报》：一般的人看《韩熙载夜宴图》，确实不会想到，这幅画作，竟然是画家给南唐皇帝的一份秘密呈报，很阴谋论的感觉啊。

祝勇：但这不是虚构的小说，而是历史的真实。我所使用的方法，就是"图史互证"。因此，我经常查找史料，与图像信息进行比对，从而梳理线索。

书中对《十二美人图》的破解似乎更为典型，因为这12幅美人图在1950年被从故宫博物院的库房发现的时候，没有人知道这些画中美人是谁，她们为什么都身穿汉服（清朝是严禁满人穿汉服的），这组画是谁画的，画于什么年代，是干什么用的。总之，与这组画有关的一切信息都在历史中消失了。于是，一代代的研究者不断地探寻着它们的线索。黄苗子先生说她们是雍正皇帝的妃子，杨新先生说她们实际上是同一个人，即雍正皇帝后来的皇后那拉氏，巫鸿先生说让她们身穿汉服是为了表达雍正皇帝对汉族的征服感，等等。这些大家的结论，都被我一一推翻了。当然，这丝毫不会妨碍我对上述几位大家的尊敬。画中有许多暗示性的符号，把我们摆渡到那个特殊的历史时空中，展开了一段历史的惊涛骇浪。

当然，什么事情都不能走极端，书法和绘画毕竟都是艺术品，所以在解读它们的时候，"实证主义"固然重要，理解它们的艺术精神同样重要。

艺术与时代，艺术与权力间的"共鸣"，
常常是隔代才能存在

《北京晚报》：在您的故宫藏画书写中，经常能看到艺术
与时代、与权贵关系的吊诡。能做好艺术家，却不是合格
的皇帝，所以宋徽宗最后只能沦落到用瘦金体给金国当权
者歌功颂德，只为在人家屋檐下生存。倪瓒与朱元璋，您
为他们演绎了一曲命运的双重奏，这一章里有一个细节，
倪瓒隐居惠山时，和宋朝宗室还有来往。后来与之绝交，
是因为对方不懂他的茶，这让我想到了茶道大师千利休与
丰臣秀吉的关系。但这里面更吊诡的一层又是，本来远离
权贵的一个画家，其作品几经流转，依旧在后世的皇帝手
中流转。您怎样看待艺术如此曲折而诡异的流传轨迹？

祝勇：我们今天之所以能够在故宫博物院看到这些旷世名
作，就是因为它们都是皇帝的收藏品，被深藏于宫中，许
多艺术名作上都盖着皇帝的"鉴赏之宝"，当昔日的皇宫

转型为公众的博物院，它们也自然地转身，变成博物院的藏品。历史上许多皇帝都是狂热的收藏家、"恋物癖患者"。这里涉及一个"权力关系"的问题，就是说，到底谁更有权力？是掌权者，还是艺术家？

在破译历史真相和解读艺术精神的同时，这本书实际上也在回答这个问题。王羲之在政治上并不得志，倪瓒和唐寅更是被时代的大潮冲到偏僻的一隅，在夹缝中求生存，尽管他们在当世并不得志，甚至成为权力迫害的对象，但他们的艺术作品，却让后世皇帝顶礼膜拜。而在每一个"后世"，都有这样的艺术家，被权力者挤压，又被后来的"后世"所推崇。比如王羲之就不会想到，自己酒后书写的《兰亭序》居然成了唐太宗李世民对抗死亡恐惧的"救命稻草"，乾隆皇帝也试图通过复制"曲水流觞"的吟咏方式向东晋风流致敬。艺术家特立独行，常为同时代的权力者不容，但这无边的权力最终将被艺术的精神所覆盖。归根结底，艺术家与权力者是有"共同语言"的，因为艺术是全人类的语言，这全人类，也包括权力者。但这种"共鸣"，只能隔代存在，而不容于当时的权力者，这的确是一种耐人寻味的现象。

三个故宫，物质层面可以分割，精神上却水乳交融

《北京晚报》：今年很有意思的是，与您前后脚出版的还有一部日本人野岛刚的纪实之作《两个故宫的离合》。这使得故宫再一次成为一个话题。这两部书我是一起读完的。感觉您是从故宫的芯向外扩展，由一幅藏画，带起一段中国大历史。而他是从两个故宫的外部往里切，直接关注的是两个故宫近代史的迁徙离合。他用的是采访加综述类的新闻记者式的写法，非常清晰明快。而您用的是文学笔法，显得意味丰富，但多少有些繁复。您如何看待对方的故宫写作？

祝勇：野岛刚与我是同龄人，都出生在 1968 年，又都关注故宫，这是相同点，这很有意思。前些日子他在北大演讲，我是被邀嘉宾，因而有了一场同龄人之间的对话。不同点是他是日本《朝日新闻》国际部的副部长，长期驻台，因此他的书中介绍台北故宫博物院的内容比较多，而我的书

更多着眼于北京故宫博物院，他的书侧重当代，即博物院自身的命运，用你的话说是从"外部往里切"；而我的书侧重历史，艺术藏品只是"透视"历史的媒介，是"从故宫的芯向外扩展"。加上我们分别来自中国和日本两个截然不同的国度，视角的差异也是显而易见的，因此我们两个人的书有很强的互补性，放在一起看，会很有意思。我在开头谈到"新散文"写作时说到"互文性写作"，我和野岛刚的文本也刚好形成了"互文"关系，一加一大于二。

《北京晚报》：其实看这两本书，会修正很多对故宫的认知。比如以前很多人会觉得，北京的故宫主要看建筑，好东西在台北故宫博物院。现在看来，两边都有珍品。而且故宫藏画很多是一幅作品分散于两岸故宫，两个故宫的关系，并不像大家想的那样简单。

祝勇：是的。开始写作时，还是想写北京故宫博物院的藏品，因为这些藏品更熟悉，可以见到原件，但写着写着，发现这样不行，两岸故宫的藏品是纠缠在一起，难解难分的。所以在序言中，我说到"三个故宫"的问题："实际上中国有三个故宫：北京故宫、台北故宫和沈阳故宫。这三个故宫实际上是一体的，在物质层面上可以分割，但精神层面上却水乳交融。"

北京故宫博物院院长郑欣淼先生写过一本专门比较两岸故宫博物院文物藏品的学术专著《天府永藏》，他在这部书中介绍说："北京故宫博物院与台北故宫博物院法书绘画的收藏，合起来超过 15 万件（包括碑帖，其中北京故宫博物院 14 万件多，台北故宫博物院近 1 万件）……是中国古代书画史不可分割的一个整体。两岸故宫的书画藏品互补性强、对应点多、联系面广，既各有千秋，又不可孤立存在。"①最典型的例子，就是乾隆皇帝"三希堂"里当年收藏的三件书法珍品已经分割两岸，其中台北故宫博物院收藏了其中的"一希"，就是王羲之《快雪时晴帖》，北京故宫博物院收藏着另外"两希"，就是王献之《中秋帖》和王珣《伯远帖》。还有，台北故宫博物院收藏唐代怀素的《自叙帖》，但它精美的原包装盒却留在北京故宫博物院。

具体到《故宫的风花雪月》这本书，依然摆脱不了这

---

① 郑欣淼:《天府永藏: 两岸故宫博物院文物藏品概述》，第 146 页，北京: 紫禁城出版社，2008 年版。

种状况，比如宋徽宗的瘦金体书法，北京故宫博物院藏有多件，但我书中主要涉及的《秾芳诗帖》却是台北故宫博物院收藏的。两岸的藏品，相互补充，榫卯相合，是一个有机的整体，因此很有合作的必要。现在两岸故宫已经建立起许多合作机制，也在加强交流，其藏品都已经或正在出版，的确是在相互借鉴、合作研究。

我希望我的写作，成为故宫学生动的一部分

《北京晚报》： 您提到郑欣淼先生，他曾创立故宫学，现在看来，您的历史写作，似乎也可以纳入故宫学的范畴。

祝勇： 郑欣淼先生创立故宫学已经 10 多年了，去年（2013年）故宫博物院还在故宫学研究所的基础上成立了研究院，对于故宫来说，其意义怎么形容都不过分。故宫本身就是一门学问，博大精深、包罗万象，需要专门的机构、专门的人去探索和发现。我写的这些书，可以当作文学作品（"新散文"），也可以算是对故宫的一种阐释，是故

宫学的一部分。我不喜欢学术八股，我希望我的书能够构成故宫学中生动的一部分，因为在写作中，我从不放弃学术性和思想性的，只不过暗藏在文字的背后而已。

《北京晚报》：每次和您聊天，谈到故宫写作，您似乎都有无尽的想法。下一步的写作计划方便透露吗？您觉得故宫还有哪些方面被人忽略，但仍然是故宫历史最重要的一页？

祝勇：我正在写《故宫的隐秘角落》，原来想叫《故宫的未开放区》，但是随着未开放区的逐步开放，未开放区正越来越多地变成开放区，所以说有些地方现在是未开放区，可能几年后就不同了。

即使在开放区，也有许多游客是不注意的，比如著名的上书房、文渊阁、乾隆花园，都在开放区，但更多的游客集中在中轴线上，对这些角落不大注意。至于今天的未开放区，游客驻足，则更显神秘，会引发无数猜想。

所以，这本新书，通过故宫的隐秘角落来写历史，这与《故宫的风花雪月》相似。《故宫的风花雪月》是透过纸上艺术品写历史，《故宫的隐秘角落》则是透过建筑来写。

　　除了明清的历史，故宫博物院自身的历史也是有价值的。由于我们更多地关注明清史，这段历史一直是盲点。时过境迁，博物院许多的人与事都淡忘、消失了。我想在大量口述实录和历史档案的基础上，把故宫博物院各个历史时期的人与事都钩沉出来，就像朋友陈徒手写《人有病，天知否》那样，从中可以看到中国在 20 世纪走过的道路，构成一部鲜活生动的"院史"。

　　总的来说，未来 10 年，我差不多要写 10 本书。当然不是一年一本，有些书是多卷本的，需要一点一点地积累，但完成它们，我估计需要 10 年。10 年后，这个格局会出来。

　　郑欣淼院长曾经鼓励我说："故宫是写不完的！"对于写作者来说，故宫的确是一个宝库，面对它，我只感到生命太短暂了，想做的事，永远也做不完。

采访时间：2014 年 5 月 3 日

原载 2014 年 5 月 10 日《北京晚报》

采访者：孙小宁

我想生活在每一个朝代

——答《大连新商报》记者问

《大连新商报》：谈及故宫博物院里的书画藏品，您这样形容："它们曾经是皇帝们的囚徒，紫禁城是它们华丽的监狱。"为什么会从这个角度去看待它们？是工作的缘故吗？仿佛普通人不会有这样的感叹。

祝勇：原因是在皇权时代，皇宫是全国最大的博物馆，而这家博物馆是只为皇帝一个人服务的。在《故宫的风花雪月》写王羲之的那篇《永和九年的那场醉》里，我讲过一个故事，就是到唐太宗李世民的时代时，《兰亭序》的真本流传到一个法号辩才的僧人手上。唐太宗出于对王羲之《兰亭序》的痴迷，派遣监察御史萧翼设计把《兰亭序》的真本骗到手，从此朝夕把玩，甚至死后都带到了坟墓里。对艺术品的占有，也可以被视为专制制度的一个注脚。

不只唐太宗，中国古代宫廷历来有收藏的传统。最著名的皇帝收藏家，应该是宋徽宗。他收藏古书、收藏奇石、收藏美人，当然更收藏艺术品。从《宣和画谱》《宣和书谱》《宣和博古图录》这些收藏目录中，我们可以领略他收藏的丰富。到了清代，宫廷更是成为古代艺术品的大本营，《故宫的风花雪月》里写过的顾闳中的《韩熙载夜宴图》、张择端的《清明上河图》等，在历经流离之后，都在这座宫殿里找到了安身之所。

我说"它们曾经是皇帝们的囚徒，紫禁城是它们华丽的监狱"，正是基于它们只是皇帝的私人收藏，只为皇帝一人存在。对于红墙外的广大世界来说，它们的存在几乎等于零。除了皇帝，没有人看得见它们。

但另一方面，皇权也有它的好处，就是能够把天下绝美的书画艺术品集中保管，世代延续。因此它们既是私人的，也是国家的。在古代社会，国和家是不分的，尤其对于皇帝来说，整个天下都是他们家的，"溥天之下，莫非王土"。故宫博物院成立（1925 年）以后，皇家宫殿脱胎换骨，变成了博物院，这些书画珍品，自然也成为民众的财产。历朝皇帝以专制的方式、请了最严格的保安，把这笔财产拱手送到我们的面前，这事很吊诡，因此我们对于古代皇权可以骂，但不能简单地骂几句了事，这事很复杂。

《大连新商报》：陈丹青说他的画在古画中恢复了自信、找到了语言，是否也可以说您的文字因为亲近了故宫而拥有了属于您个人的语言？

祝勇：故宫的确给了我很强的语言快感。连我自己也解释不清楚，这座古老的宫殿为什么这么令我兴奋。它太神秘，贮存着太多的信息，有点像史景迁所说的记忆宫殿，等待着我们一点点去破译。的确，故宫曾经被一遍遍地表达过——在史学著作、回忆录、百家讲坛，甚至影视作品中，但是我觉得把这所有的信息都加在一起也抵不上它的万分之一。我们表达了很多，同时，我们表达得太少。因此我渴望着新的表达，以自己的方式。我把故宫当作一个活的生命体，而不是死去的遗址。我用心去聆听它的声息，体会它生命的节律。我相信自己看到了别人未曾看到的东西，我大言不惭而勇气可嘉。

《大连新商报》：这是否在说明今人对古人无法实现超越，总要站在古人的肩膀上瞭望，而难以构建新的体系？

祝勇：站在古人的肩膀上瞭望已不容易，谁敢说自己在构建新的体系?

　　但我也想为今人做一点儿辩解。对历史的阐释本身也是一种建树。毕竟我们是在用自己的知识体系，面对今天的现实，去思考古人思考过的问题。当古人表达过的事物我们再表达一遍，事物和表达都发生了变化。

　　我们当然不可能超越王羲之、李白、张择端，也没有必要超越。我们是我们自己，即使面对着他们的作品，我们笑或者流泪，那笑和眼泪也是我们自己的。

《大连新商报》：您因写故宫的散文而获朱自清散文奖，这是否会让您今后的创作难以跳脱这个范畴，而形成一种模式化的写作? 除了故宫的故事，您还打算写哪方面的作品?

祝勇：《故宫的风花雪月》是东方出版社"祝勇作品系列"里的一种，接下来马上有一本《纸上的叛乱》面世。在这本书里，你会看到我写作的原则，就是抵制模式化的写作。我不愿看到自己的写作成了一个标准产品的加工厂，那样的话，写一百本书和写一本书没有什么区别。我总想给读者带来一点儿意外的东西，当然首先是给自己带来一点儿意外的东西。没有这种可能，写作就成了劳作，没有刺激，更没有意义。

我的导师曾经要求我不说别人说过的话，我给自己加上一条：不说自己已经说过的话。当然这很难，但我不会放弃努力。当我的作品系列摆在一起，我希望每一本书都不一样。

《大连新商报》：您在本书的开篇写下这样一段话："以今人比之，犹如莫言之《红高粱》，设若他先想到诺贝尔奖，鼓足干劲，力争上游，决心为国争光，那份汪洋恣肆、狂妄无忌，就断然做不出来了。"这让我不觉想起您的这次获奖，这段文字是否算是您提前写出的获奖感言呢？而在获奖之后，您的心情依然能够做到淡然处之吗？

祝勇：当然我不能得便宜卖乖，说奖不重要。得奖当然是好事，但不是必需。一个作家要是单纯为了获奖而写作，他的写作支撑不了多久。对我来说，奖是龙虾，写作是馒头。龙虾至尊至贵，但没它我们照样活，没有馒头就不行，那你说哪个更尊贵？有人说龙虾，但我说馒头。

《**大连新商报**》：您读博士时导师是刘梦溪先生，让人十分羡慕，毫无疑问，您是幸运的，能够拜在如此博学的导师门下。而有些学者曾撰文，称现在的大学里难以找到真正的鸿儒，对此，您如何看？

祝勇：真正的鸿儒有啊，我的导师就是。我的感受与你相反，我觉得现在的大学里难以找到真正的学生了——连我自己，也算不上合格的学生，有时不免也会被导师批评。我读本科的时候（20世纪80年代），晚上图书馆人满为患，要提前占座；现在给学生上课，学生都低头玩手机，趴在课桌上瞅着自己的裤裆乐。市场化、知识碎片化，让传统的教育有点难以为继了。

《**大连新商报**》：近年来，历史散文比较流行，您的这部获奖作品亦属于此类，较之其他类型的散文，您认为历史散文的撰写最大的难点在哪方面？

祝勇：最大的难点在于我们感受内心变得苍白和虚弱了。历史是那么强大，它需要一颗强大的内心与之呼应，否则，站在古人面前，我们能说些什么呢？恐怕连喝彩都不知如何下嘴。我并非厚古薄今，当下也有许多了不起的人物，但总的来说，当下的人们越来越蝇营狗苟，越来越见利忘义，越来越上不得台面。我们经常觉得古人可笑，实际上我们自己是一堆狗屎。

许多所谓历史散文都是堆砌历史知识的集装箱，这是心虚的表现，企图以此来掩饰自己丧失了内心的感受力。

《大连新商报》：在写到《兰亭序》之于唐太宗时，您说："王羲之的悲伤，与他悲伤中疾徐有致的笔调，引发了唐太宗以及所有后来者无比复杂的情感。"那么，您在写作时，怀有怎样一种情绪？您如何把控情绪，而让您对历史的评判不失偏颇？

祝勇：对历史的评判不可能不失偏颇。历史靠心去体会，它不能量化，因而一定会有偏颇。例如谈恋爱，你说出一个标准，包括对方的年龄、职业、籍贯、收入、职务、车子品牌、家住位置、身高、三围尺码，甚至鞋子大小……样样合乎了你的标准，这个人一定不会是你喜欢的，因为硬件是可以量化的，而内心是不能量化的。历史是一种精神、一种艺术，甚至是一份爱情。它让你激动，也让你失望，让你哀叹。

每个人面对历史的时候，心绪都会有所不同。说一句套话，就是一千个人心中有一千个哈姆雷特。每次写作，我都尽量想象着从前的那个时空，自己在那个时空中穿行。所以在《永和九年的那场醉》的结尾，我写道：当我抵达兰亭，迎风坐在那里，一扭身，就看见了王羲之，他笑着，把一支笔递过来。这篇文章，就是用这支笔写成的。

现在网络上有许多以历史为题材的游戏。其实历史书写本身就有一点儿像电脑游戏，不同的人进去，都会经历不同的过程，走向不同的结局。

《大连新商报》：在您笔下的诸多章节中，哪朝之风最让您留恋？甚至如果有可能，您希望回到哪个朝代？

祝勇：我想生活在每一个朝代。

在群山之巅眺望故宫

——答《文学报》记者问

《文学报》：拿到《故宫的风花雪月》，得知您已经进入故宫，成为故宫博物院故宫学研究所的一员，我感到十分惊讶。印象中，您的身份一直在变化：从最初的反抗传统散文机制的"新散文"作家，到纪录片总撰稿人，几年前，您还在为央视、北京电视台、东方卫视等电视台摄制的大型纪录片做总撰稿，其中既有关注中国近现代发展进程的主旋律纪录片《我爱你，中国》《辛亥》，也有取材明清历史的《1405，郑和下西洋》《利玛窦：岩中花树》，后来，又听说您在西藏电视台"客串"主持。如今，您又到故宫，从事故宫文化研究。这其中涉及的专业领域也各不相同。能否请您介绍一下您和故宫的前后渊源？您现在在故宫具体从事怎样的工作？

祝勇：能够进入故宫工作，得益于故宫博物院领导的厚爱，也得益于一个机缘，就是故宫学研究所的成立。这个研究所成立于 2010 年 9 月，第二年我就进了这个所。那一年（2011 年）是辛亥革命 100 周年，我正在忙于大型纪录片《辛亥》（北京电视台摄制），和导演们一起，没日没夜地泡在北京电视台的剪辑室里，差点耽误了调动的事。

进入故宫后，许多朋友说，这是最适合我的地方。我也是这样想的，因为故宫的文化资源，我一辈子也挖掘不完。郑院长曾对我说，故宫是写不完的。现在我只恨人的生命太短，在 600 年的故宫，生命的短促更加明显。

其实，我与故宫的渊源已久。到故宫工作以前，我的写作，一直围绕着故宫和明清历史，其中包括 2003 年写的《旧宫殿》，2011 年在三联书店出版的《纸天堂》《辛亥年》，还有也是 2011 年在上海文艺出版社出版的长篇小说《血朝廷》等，都是以紫禁城为视角的，只不过写作的方式是个人化的，而不是学术的方式而已。纪录片方面，题材涉及虽广，却都没有离开过紫禁城，连《辛亥》这样的革命历史题材纪录片，我也是以紫禁城为中心，从被革命者的视角来体验和审视这场革命的。这些片子，除了《辛亥》在表述尺度上比较大胆，只在北京电视台播出以外，其他均在央视，尤其是央视一套播出，也算是对故宫文化内涵的某种阐释和推广。我想，这些也可以算作是对故宫学的一种表达吧。

这些年的写作，得到了故宫博物院领导和同仁的许多热心扶助，比如 2009 年我在紫禁城出版社（现改名为故宫出版社）出版《双城记》（包括《紫禁城记》和《长城记》两种），郑欣淼院长就为我写了序。前不久，郑院长出版的《故宫纪事》一书里，还选入了这篇序言。

我说故宫很适合我，这与我写作的类型有关。我曾经说过，我的写作是一种"综合写作"，而不是传统意义上的文学写作，其中涉及历史、思想、艺术、器物层面的内容很多，因此，故宫刚好可以成为我的"写作大本营"。而郑欣淼院长提出的"故宫学"，亦是一门开放的学问，它力主从"大文物""大故宫"的角度去阐释故宫的价值，而不仅限于象牙塔式的研究。他甚至与我商量过，是否可以拍摄一部像《达·芬奇密码》那样的电影大片，使故宫的文化经典受到全世界的关注。他鼓励我说，故宫学的天地很大，不要怕，不要自己限制自己。单霁翔院长的视野也很宽广，数字故宫的建设、文创产品的开发，都为故宫文化的阐释与推广开辟了新的领域。当然，一切的核心，还是"故宫学"文化研究的水准。总之，我庆幸能有这样的机会，原因既在于故宫领导者的开明与开放，也在于故宫学的天地也很大，可以任我自由驰骋。

《**文学报**》：身份的不同变化，会给您的写作带来怎样的影响？这种写作状态，又是否是您某种写作理念的现实践行？

祝勇：其实我的身份变化，没有你想象的那样大。我的写作，就像前面所回顾的，还是有连续性的。最初是一种大范围的行走，那时年轻，对世界充满好奇心，喜欢背包远行，10 年中，几乎踏遍南北。那些行走笔记，最近要重新整理，编成一部厚厚的《中国记》出版。那种辐射状的漫游，给了我厚厚的积累，因为纸页上的记载永远是扁平的，只有深入到每一个局部，从大地上飞过的岁月才有真实的质感，展现在我的面前。所以，不亲身体验，难懂中国的历史与文化。对于我的写作而言，那是一种铺垫，而所有的铺垫，如今都收束到故宫的红墙里。这使我在看待故宫的建筑、文物的时候，不仅仅局限在故宫本身，而是有了一个更大的视角。大部分在故宫里游走的人，都把故宫看成一个巨大的平面，但我觉得自己是站在遥远的群山之巅眺望故宫，它呈现的，是立体的图像。

《文学报》：是什么样的契机，让您开始了对故宫文物的文学书写？

祝勇：前面说到的那些作品，都可以说是对故宫的文学书写，但涉及文物，还应从《故宫的风花雪月》算起。这本书写到的，全是故宫收藏的古典书画，这些真迹让我无比震撼。孙郁曾说我，因为是初入故宫，所以对一切都新鲜。但这样的新鲜感，经年未消。每次面对那些古老的纸页，我都不可能无动于衷。中国古典书画之美，美得无以复加，有人为它而生，也有人为它而死。尽管对它们的解读早已很多，但在那一刻，我只想说出我自己的话。于是一篇一篇写出来，给《十月》杂志作专栏。宁肯看到它们也很激动。他是北京人，就在故宫边上的南长街长大，对故宫很熟悉。他说我的这组文章让他看到了另外一个故宫，一个完全超出自己想象的故宫。

《文学报》：《故宫的风花雪月》为读者了解深锁故宫的文物提供了一个文学的角度。而介绍故宫文物，显然需要相当的专业知识。但是，在某种程度上，"专业"又是"不文学"的另一种说法，它们很难与文学相融，就像您在书的前言中所说，"这几乎是要把一份说明书写成诗歌"。那么，在这次的写作过程中，专业性是否会成为您创造文学性的一种"镣铐"，会在某一个时刻成为写作的阻力？而散文文辞的铺张散漫，又是否会在某一刻损害到所介绍内容的专业性与真实性？

祝勇：这个问题就很"专业"，因为这是我时常遇到的两难。首先，专业的眼光是重要的，因为这是一部关于故宫文物的书，写得外行，必然丢人现眼，尤其我现在的身份是故宫内的研究人员，读者的眼光会更加挑剔（何况读者中还有许多专业人士），稍不留神，就会损害到故宫的名誉。这是难处，但是我想，在所有的专业术语之外，这些古典书画作品在本质上是与每个人的生命相通的，它们不是为那些眼花缭乱的术语存在的，而是为每个人的生命情感存在的，也正因如此，在跨越千百年时光之后，我们仍然因它们而感动，这就使文学表达有了可能。

学术的目的是求真，而求善和求美则要交给文学。真善美三者并不矛盾，却各有分工。真是基础，尽善尽美才是终极目的。只有文学，才能触动人心。所以，以后者的方式表述这些古典艺术杰作，才是一种真正意义上的对视，那些古老的纸页才不会挡住我们的目光，而是相反，成为我们与古人交流的媒介。

文学只是一种表达方式，而不是"戏说"的同义词，因此，它也是要求"真"的。求真的文学，才是真文学。所以，前面提到的两难，实际上都是可以化解的。处理得好，那些"专业"的部分，不仅不会损害文学的表达，相反还会添彩。

《文学报》： 在《故宫的风花雪月》中，您选择了一些耳熟能详的作品来进行书写，比如说王羲之《兰亭序》、顾闳中《韩熙载夜宴图》、张择端《清明上河图》。这对于作家来说，又是一项挑战。您在选择具体作品时，作了何种考虑？

祝勇： 熟悉的艺术经典比陌生的作品更能引起关注，这当然是一种言说策略，但这也是一项挑战，因为那些耳熟能详的杰作都被反反复复言说过了，对它们的表达似乎已经穷尽了。从我个人的写作历程来看，我喜欢写熟题，因为它有难度，对于写作者来说，难度无疑是一种刺激，会激发出挑战的欲望，当然也会激发出一个写作者的潜能。像我过去写《辛亥年》，拍《辛亥》纪录片，都是在人群中杀出一条属于自己的路。我的名言是：走自己的路，让别人去玩儿命挤吧。

《文学报》：在写作时，对"如何让具有个人特色的解读被人接受"又是怎样安排的？您书写这些文物的角度，又代表了您怎样的历史观点？在您看来，文学和历史，怎样交融才是最完美的方式？

祝勇：发现细节，并透过细节，发现事物之间的隐秘联系。有人把这叫作"历史侦探学"。乍看上去，时间太久了，细节都跑光了，但只要静下心来，细心观察，蛛丝马迹仍在，而且越发现越多。像《清明上河图》，本来是一幅描述汴京繁荣景象的主旋律作品，但是仔细观看，会发现在人丛中，手推车上，有一具尸体，更令人惊奇的是，用来盖尸体的苫布，竟然是一些书法真迹。于是，北宋崇宁年间打击元祐党人的血腥事实，就这样在歌舞升平的世俗街景中显露出来。这样的内容，无疑使《清明上河图》更加复杂，也诱使我们从这些蛛丝马迹出发，一路追下去。其实，古代绘画的每一个细节,都可能为我们提供历史的物证,像《韩熙载夜宴图》里,侍女端给韩熙载的洗手盆,浙江博物馆曾展出过器形相同的一只,尽管它们并非同一只,但在这只器物的背后,想必又有一番我们想象不到的风雨。在写《清明上河图》的文章《张择端的春天之旅》里,也有《金瓶梅》作者王世贞的影子闪过。总之,历史本身是具有神秘性的,这些被时间掩藏的神秘,使我的写作有了悬念感。这样的悬念,是历史对文学慷慨的赐予,我不能不笑纳。这样的悬念,可能是故事性的,也可能是非故事性的、逻辑性的,比如不同事物之间的神秘联系。

《文学报》:在您的下一本《故宫的隐秘角落》里,您是否会介绍一些不为人所知的文物的故事?那么,面对耳熟能详和不为人知的对象,您写作的方式、姿态、笔调会有怎样的不同?

祝勇:《故宫的风花雪月》是一本将古典书画与历史相融合的书,表面上是写书画,实际上是写历史。相比之下,《故宫的隐秘角落》是一部通过故宫建筑——一些人迹罕至的深宫冷院,尤其是一些一直未得开放的"神秘地带"来书写人物遭际和历史风雨的书。主要篇目有《武英殿：李自成在北京》《慈宁宫：艳与寂》《昭仁殿：吴三桂的命运过山车》《寿安宫：天堂的拐弯》《文渊阁：文人的骨头》《倦勤斋：乾隆皇帝的视觉幻象》《景阳宫：慈禧太后形象史》等，几乎可以连成一部另类清史。之所以说"另类"，一方面是指取材，大多紧盯"历史的死角"。比如李自成在紫禁城里到底干了什么，比如吴三桂，"冲冠一怒为红颜"以后，他和他的"红颜"下场如何，等等，都很少有人关注，历史学家不太注意，普通读者就更不清楚了。另一方面是我依旧坚持个人化视角，对上述历史人物进行重新解读，比如最后一篇写慈禧，我认为是突破性的，因为我试图透过 90 年前在景阳宫发现的大量慈禧照片，写出慈禧的内心世界。这不是一个脸谱化的慈禧，而是一个兼具了女人和政治动物双重特点的慈禧。这篇《景阳宫：慈禧太后形象史》差不多有 7 万字，快成一部小专著了。

《文学报》：在人们的既定印象中，故宫博物院应该是一个门禁森严之地，《故宫的风花雪月》让这些本被以为艰涩的文化大众以美和文学的形式呈现，让更多的非专业人士对故宫所蕴藏的文化有所了解。这在某种程度上是一种文化普及的工作。

在 2014 年，故宫"萌萌哒"版的动态图发布，也让更多人对故宫有了兴趣。其实，很多事情正在发生变化。您身在其中，能否再介绍一些故宫里的变化？故宫学研究所又是一个怎样的研究机构？什么样的人群组成了这个研究机构？

祝勇：故宫一直被认为是象牙之塔，其实故宫也是可以走群众路线的。即将在端门上建成的数字故宫博物院，将在观众进入故宫之前，给他们奉献震撼性的视听盛宴，还有《十二美人图》《韩熙载夜宴图》的 APP 上线，能让喜欢故宫的人们从网上更真切地了解故宫书画。我也很荣幸地参加了《韩熙载夜宴图》APP 项目的研发工作，还被任命为"文学顾问"。故宫还开通了"微故宫"的微博、微信，便于与大众交流。在北京的北部，新的故宫院区（即"故宫北院区"），预计将在 3 至 7 年内建成，届时有望免费开放。在那里，一些大型珍贵文物（如家具、地毯、巨幅绘画、卤簿仪仗等），会不再因场地局限而长期无法得到展示，更难得的是，观众会看到文物修复的现场。

总之，在这个巨变的时代里，故宫自身也在变化。它不再是高高在上的博物院，而是变得亲切可感。我经历了故宫前后两任院长，都是可敬又可爱的。今年是故宫博物院建立 90 周年，前不久杨澜采访单院长，摄影记者让他做一个 "9" 的手势，他丝毫没有犹豫，让我想起在故宫的文创产品中，连表情严肃的雍正皇帝，都做出了很萌的 "V" 形手势。

故宫是一个又端庄、又可爱的地方。在故宫，雍正皇帝的名言 "朕就是这样汉子" 被做成了折扇，他喜欢的《十二美人图》，更是被设计成了阳伞，打着这样的阳伞，今天的时尚美女们，与雍正时代的美人相映成趣。去年故宫的文创产品销售额已经超过了门票收入，这是许多人想不到的，说明了大众对故宫转型的欢迎度。习近平总书记说 "让收藏在博物馆里的文物、陈列在广阔大地上的遗产、书写在古籍里的文字都活起来"，其实故宫里的每件文物都是有温度的，都与每个人的生命情感息息相关。

《文学报》：最初出现在文坛上的时候，您和 "新散文" 作家群中的一批人，是以 "反叛者" 的姿态出现的。经过那么多年，"新散文" 已经被广泛接受，散文的写作理念和写作实践也已经日新月异。而 "新散文" 作家群的许多作家，似乎纷纷在其他领域发展得风生水起。您对散文写作的思考是否已经有进一步的发展？您对当下的散文写作生态是如何看的？散文，在当下的文学圈里，是否又需要进行些转变和创新？

祝勇："新散文"并没有被广泛接受，排斥者还是很多的，当然，排斥的心态，各自不同。研究也相对滞后，当代文学史里几乎没有写，即使写到的也三言两语，与对当代小说、诗歌的评述不可同日而语。但无论怎样，"新散文"只有创新，才能进步。连600年的故宫都在转型和创新，"新散文"还不到20年，如不创新，必定死路一条。世界上没有一劳永逸的事情，如果失去了创造力，从前激情勃发的写作者，就会沦为他们曾经痛恨的老顽固。穷则变，变则通，万物之理，莫不如此。

采访时间：2015 年 2 月 9 日

原载 2015 年 3 月 5 日《文学报》

采访者：金莹

"穿越"故宫的今与昨

——答《南方人物周刊》记者问

3月中旬，祝勇领我们从西华门清凉的门洞穿入紫禁城，在紫禁城内唯一的西式建筑宝蕴楼前，他指向右前方一座石桥后隐蔽的树林说，从那里就能看到武英殿了，李自成当年就在那里登基。

"为什么不在太和殿登基？"一时，我居然忘了他在《故宫的风花雪月》里的《自序》开头述说的："李自成登基那一天，他没敢选择太和殿，那气场太强大，让这个草莽英雄一下子就失了底气，于是选择了偏居西侧的武英殿，登基的当天夜里，李自成就带着他的人马匆匆离开，再也没有回来。功败垂成的李自成不会知道，三百六十多年以后，有一个名叫祝勇的故宫博物院研究人员，上班时都要从那座让他刻骨铭心的宫殿旁边走过，心里想象着他登基时的窘迫与仓皇。"

"还是写写转型中的故宫吧。"约访中，祝勇两次向我提议。他知道，他这部2013年已出版的作品再度引起媒体的关注，部分原因也在于，今年是故宫博物院建院 90 周年。书的硬质封面上提纲挈领，里面 7 篇散文，篇篇都在——"破译故宫书画的达·芬奇密码"。眼下，他的下一本书《故宫的隐秘角落》即将出炉。新著中，他继续"破译"——探寻故宫里的深宫冷院，未曾开放的神秘遗址，绕其林林总总人与事，概述兴发。总之，套一现代说法：他在与历史中人"对话"。

为此，有媒体称他是"历史侦探"。这位"侦探"的来龙去脉，倒无须费力"侦查"：主编过《阅读》《布老虎散文》。担任过大型历史纪录片《1405，郑和下西洋》《辛亥》《利玛窦：岩中花树》总撰稿。早年，更是倡写"新散文"的中坚一员——为此，我问过祝勇，这两部关于故宫的书作中，他沿用了"新散文"哪些特质。他提炼出：一是呈现内容的丰富与复杂；二是表达上的综合性；三是讲求语言的唯美质感。2011 年，他就明确提出，"真正的写作是一种综合写作。需要一个人的综合素质"。故而，他的好友，《十月》副主编宁肯评价，《故宫的风花雪月》以作者充满个人化的表达，结合史学与艺术修养，弥合故宫与现代之间的鸿沟，使其不再是刻板讲解中的历史遗产，"让人感到故宫的再生"。

故宫太和殿与中和殿，郑欣淼摄

　　下午两点，故宫博物院资料信息部办公室内，气质佳好的副研究员李琼滑动手里的平板电脑，向我们展示故宫系列数字作品之一——五代人物画家顾闳中的作品，分为"听琴""观舞""休闲""清吹""调笑"5幕长卷的《韩熙载夜宴图》的应用程序。

　　它的文学顾问也是祝勇。"他的文章读来，容易让人接受。我们请他来讲解这画。他建议我们要了解南唐历史，要站在宏观视角下去观察画中人物。"她指的是《故宫的风花雪月》里，《韩熙载，最后的晚餐》一文。

　　"韩熙载的腐败生活，让皇帝李煜都感到惊愕。"——文中，祝勇一笔直入画中主人翁与该画始作俑者彼此的内心交锋。身为南唐李后主朝中要员的韩熙载，一个细节足显其个性——"每逢有人请他撰写碑志，他都请宋齐丘起草文字，他来缮写。"宋齐丘官至宰相，算是其顶头上司，也颇有文学造诣。即便如此，"每次韩熙载抄写其文，都用纸塞住自己的鼻孔"，以示"文辞秽且臭"。因慕其才，李煜曾想拜韩熙载为相。他却看透了帝王信任背后的凶险。"辽、金、宋、明，历朝历代的末代皇帝，都有着丝毫不逊于李煜的特异功能，将自己朝廷上的有用之臣一个一个地杀光。"

同在脂粉堆里打滚，"李煜是昏蒙的小男生，而韩熙载则是伟大的老流氓"。"老流氓"自然对这位"扶不起的阿斗"用心伎俩，洞若观火——派遣不同画家绘录自己的夜夜笙歌，不过是"特务行动"。

然而，"或许顾闳中并没有上当"。文中，祝勇分析道：这位五代最杰出的人物画家在《韩熙载夜宴图》中留下伏笔——"韩熙载的表情上，没有沉迷，只有沉重。""但李煜的头脑过于简单，所以他没有注意到顾闳中的提醒，这位美术鉴赏大师对朝廷从来没有做出过正确的判断，他王朝的命运，也就可想而知了。""除了《韩熙载，最后的晚餐》，我最喜欢的一篇就是《宋徽宗的光荣与耻辱》。"祝勇聊起。台北故宫博物院收藏宋徽宗赵佶以"瘦金体"书写的《秾芳诗帖》，北京故宫博物院也收藏有他的不少作品，其中有他的绘画作品《雪江归棹图》《芙蓉锦鸡图》《听琴图》等，还有一些书法作品、题跋，比如他在李白《上阳台帖》、欧阳询《张翰帖》后的题跋等，实令他赞叹不已——"几乎是独创了一门书体。那是他的皇家园林'艮岳'长出的一株奇形怪状的'植物'。"有人说，宋徽宗是一流的艺术家，却当不了一个好皇帝。他不否认，"可是，只有像他那般享有财富高度集中，钟鸣鼎食的生活，才能滋养其独特的艺术表达。"

《韩》与《宋》二文，涉及同一主题：腐败。"我心里，过去与现在不分。关键是写人性。尽管时代不同，但人性是一样的，会在合适的土壤下酝酿暴露。就像人类对物质的占有欲，在不受制度限制的情况下，贪婪自会充分体现，尔后把一个人或一个王朝彻底毁掉。"在他看来，这不存在"以古喻今"。

宁肯曾在故宫周边住过四五年，他深感，"那里缺乏一种个人化的东西"。得知祝勇调入故宫学研究所工作时，他既高兴又隐隐担忧，"祝勇比较强调个人化。我担心他到了故宫，会不会被故宫'吞噬'"。当日，听到祝勇对他说，自己想写一系列艺术散文，用今人的文化视角来写故宫藏品时，"我知道他写的肯定与众不同。但到底怎样，心里有点没底。只是跟他说，你先写吧"。宁肯说。待 2012 年开年后，他读到祝勇投来的第一篇文章，围绕王羲之《兰亭序》而作《永和九年的那场醉》时，内心激动感喟，"故宫变得'年轻'了，开始具有一种现代化的讲述，能重新打开历史，这是一个非常好的开端"。于是《十月》上，就有了《故宫的风花雪月》专栏。

"我认为，东晋时期，王羲之这一代知识分子还没有一条非常清晰的道路展现在面前。虽然乱世刚过，生活慢慢安定下来。而知识分子毕竟具有理想情怀，生命如何寄托，每个人还是有所彷徨。王羲之也不例外。《兰亭序》流传千古，成就他一世英名，却与他的理想存有一定错位。他本想当官报效朝廷，服务天下百姓。恰恰他被贬官之后，酒后失意，写下《兰亭序》。"祝勇承认王羲之放任自由、潇洒飘逸的艺术气质，与他心心相印。在其身上，他思索过一个知识分子的价值所在，"我身边很多朋友同学都有当官。我觉得我一没有那个本事，二是内心真的不想。我就觉得做一介文人书生，写点文字，不管能否留存，我这一辈子就没白过"。

　　全身心浸染在王羲之与《兰亭序》的日子里，一天他已入睡，突然灵光乍现，他连忙打开电脑，立即打出：由此我产生了一个奇特的想象——有无数个王羲之坐在流杯亭里，王羲之的身前、身后、身左、身右，都是王羲之。酒杯也从一个王羲之的手中，辗转到另一个王羲之的手中。上一个王羲之把酒杯递给了下一个王羲之，也把毛笔，传递给下一个王羲之。这不是醉话，也不是幻觉，既然《兰亭序》可以被复制，王羲之为何不能被复制？王羲之身后那些接踵而来的临摹者，难道不是死而复生的王羲之？大大小小的王羲之，长相不同的王羲之，来路各异的王羲之，就这样在时间深处济济一堂，摩肩接踵。很多年后，我来到会稽山阴之兰亭，迎风坐在那里，一扭身，就看见了王羲之，他笑着，把一支笔递过来。……

　　"故宫对于您是怎样的世界？"下午四五点，从今年即将开放的慈宁宫一路漫行，摄影师问祝勇。"独立而静谧。它停留在自己的时间里，不受现代时间的干扰。"他若有所思。那会儿四周已不再那么"宫墙如血"，只听乌鸦栖息枝头，连声发出"好——好——好"。

——《南方人物周刊》记者　彭苏

《南方人物周刊》：您说您热爱北京，这是您喜欢研究明清史的原因之一。在我看来，从 20 世纪 90 年代，您写作《北京之死》到游走四方，编写一部《中国记》，您好像一直在寻找一个深入中国历史与文化的"落脚点"。而这个"落脚点"，恰好落在北京故宫？

祝勇：二三十岁时，我只是想趁着年轻，多看看世界，就凭着那么一股冲动，几乎跑遍了中国，没有想到，那些年的经历，今天在故宫全都有用。

我本科是 86 级，1990 年工作，从那时开始，我在出版社工作了 12 年。之所以去出版社，是因为我喜欢写作，也喜欢编书，因为编书是跟写作最接近的职业。没有想到的是，那家出版社的领导非常狭隘，不允许编辑从事写作，认为这是"成名成家"的思想在"作祟"，尽管我都是在业余时间写作，从来没有妨碍过谁。但在那样的"体制内"单位，业余时间如果用来读书写作，就会被视为"另类"，打入"另册"。王小波写过一篇《一只特立独行的猪》，我看过以后觉得，我与那只猪心心相印，所以最终的结果只能是落荒而逃。我去了北京作协，做了签约作家，从此开始专业的写作生涯。

我从那时开始了大面积的奔走，先是浙南山地、楠溪江流域，然后山西、江苏、四川、云南，一路跑下去。跑的都不是大城市，相反，都是"老少边穷"，去体验乡土文化，寻找历史现场，很辛苦，可以说风尘万里，但内心越来越丰富，无数古籍中提到的地名变成眼中鲜活的风景，让我很兴奋。那些年就是在这样一种兴奋的状态下度过的，而且，我发现自己的野外生存能力越来越强，原来爬上一座山气喘吁吁，后来变得步伐轻快，非常适应山地。

从《蓝印花布》开始，我陆续出版了一些书，有了一些影响，被美国加州伯克利大学聘为驻校艺术家，后来回国，师从刘梦溪先生攻读博士学位，再后来就进入了故宫博物院。

我没有想到，这种扩散型的奔走和写作，最终都会收束在故宫的红墙里，好像是一种有意的安排，因为故宫里的建筑文物，虽然是集中的，但它们牵动着中华整体文化，没有一件是孤立存在的。而这些年的见识，刚好可以让我从文化的整体性出发，去认识一座建筑，看待一件文物。

比如故宫的雨花阁，虽然明代就有，但在清乾隆年间，依照西藏阿里古格的托林寺，建成了一座藏传佛教的密宗佛堂。阁顶上飞舞的 4 条巨大的蟠龙，游客们站在三大殿的台基上就可以望见，但无法走近，因为雨花阁目前还没有对游人开放。我第一次进入雨花阁的时候，看见里面的佛像、法器、唐卡等，还按照乾隆时的原样陈列着，上面落满了灰尘，就说，那些灰尘都是文物。在故宫，像这样的藏传佛教遗迹、文物很多，原因是清朝所有皇帝、皇后、太后都信仰藏传佛教，与西藏的达赖、班禅关系密切。藏传佛教对整个清朝的政治与文化影响巨大。所以故宫里的许多建筑、文物，可以与西藏的建筑、文物对应起来看。

从北京到拉萨，甚至到阿里，可以说山重水复，却因文化而联系成一个整体，这样的联系，既神秘，又奇妙。所以我说，故宫不是一座文化孤岛，而是与各地有着千丝万缕的联系，要看到中华文明不同区域之间的互动关系。我不懂藏学，不识藏文，但自 2002 年第一次进藏，我几乎已经跑遍了西藏，也去了四川、青海、云南、甘肃几大藏区，对藏族文化多少有些认识，我的太太就是藏族人。我还写过一本《西藏：远方的上方》，这些年进行了补充修订，以《西藏书》为名，放进了东方出版社为我出版的《祝勇作品系列》。这个系列里既有《故宫的风花雪月》，也有《西藏书》，但它们是一体的。从这个角度上说，自 2002 年到 2011 年进故宫工作，近 10 年的奔走还是有意义的。

《南方人物周刊》：2005 年，也是故宫建院 80 周年，您出版《旧宫殿》。现在，您又将出版《故宫的隐秘角落》。这 10 年间，您目睹的故宫，经历了怎样的变化？

祝勇：2002 年前后，我经常来故宫。那时，李文儒院长带我去过慈宁花园。那里还十分荒凉。春天，荒草深没过膝盖，香炉铜锈斑驳。我刚好在写《旧宫殿》，李文儒院长让我看到了另外一个故宫，一个更加"原始"，也更加真实的故宫。所以，有了《旧宫殿》那种苍凉厚重的感觉。那本书，是 2003 年在《花城》发表，2005 年由春风文艺出版社出版单行本的，如你所说，那刚好是故宫博物院 80 周年。从那时开始，写了一系列作品，像《血朝廷》，是一部以紫禁城为题材的长篇小说，而《纸天堂》《辛亥年》这些非虚构作品，虽然是写中国历史中的重大事件，但仍然以紫禁城为视角。2011 年辛亥革命 100 周年之际创作大型纪录片《辛亥》，也是以紫禁城为舞台、站在被革命者的视角，来看这场革命的。

在故宫，我经历了两个时代。一个是郑欣淼院长时代，一个是单霁翔院长时代。两位院长都属于学者型领导，思想都很开放，为人也都很亲切。郑院长提出了"故宫学"这一概念，使对故宫的研究上升到学术的高度，这一点对故宫的发展是至关重要的。他写有《故宫与故宫学》一书，对故宫与故宫学的联系，故宫学的内涵、价值等都有系统的阐述。但郑先生视野又很开放，不仅重视象牙塔式的学科建筑，也注重文化的影响和传播。反响极高的纪录片《故宫》、两岸故宫的交流与合作，都是他在任期间做成的。

郑院长让我们看到了一个古老的、有着丰富内涵的、可以通过不同的方式表述的故宫，而单院长让我们看到一个"年轻的故宫"。从展陈方式到传播方式，如文创产品开发，《胤禛美人图》（也叫《十二美人图》）、《韩熙载夜宴图》应用程序上线，《每日故宫》手机应用上线，《皇帝的一天》电子游戏等，都让故宫与"90后""00后"打成一片，展现古老文化的鲜活魅力，真正"让文物活起来"。当然，这一切都要以学术为根基，"故宫博物院藏殷墟甲骨文整理与研究"2014年11月被立为国家社科基金重大项目，就是对故宫学术研究水平的一种证明。

我只是故宫的一名普通工作人员，不便太多谈论领导，但故宫这些年的变化，我们是有切身之感的，对两位院长的敬意，也是由衷的。我讲这种变化，是因为它为我的写作提供了一个大的背景。《故宫的风花雪月》《故宫的隐秘角落》这两部书的写作，就是在这样一个背景下展开的。它们是综合的，像郑欣淼院长所说，"需要把院藏文物、古建筑和宫廷史迹这三方面作为互相联系的整体来研究"①；同时，也是开放的，有学术性，也有可读性，

①郑欣淼：《故宫学述略》，见《故宫与故宫学》，第213页，北京：紫禁城出版社，2009年版。

学术同行可以看，普通读者也可以看。

《南方人物周刊》：谈到学术，2014 年，故宫博物院正式发布，向"学术故宫"转型。在大众看来，故宫绝不乏学术，而是怎样使其学术现代化，使故宫文物"活"起来。据您所知，这一实施过程，故宫经过哪些摸索？

祝勇：不完全是这样。学术研究的深入和对大众的普及都重要。一家博物馆在世界上的地位，收藏是一方面，还有一个重要的衡量指标，是研究水平。刚才说到，郑欣淼院长提出了"故宫学"这一概念，那是 2003 年。但对"故宫学"的研究并不是从 2003 年才开始的，而是故宫博物院创立那一天就开始了，因为自 1924 年清室善后委员会成立、1925年故宫开放，当时北平大量学者涌向故宫，开始对故宫的收藏、史料等进行研究，这其中有沈尹默、沈兼士、钱玄同、刘半农、蒋梦麟、陈垣、马衡等，只是那时还没有"故宫学"这个名称，但实际上是"故宫学"的内容。2003 年，郑欣淼院长提出"故宫学"，使得对故宫的研究，从一个自发、自省的阶段进入到一个自觉的阶段。

　　有了"故宫学"，故宫的学术研究才有了一个明确的核心，用郑欣淼院长的话说，"使流散海内外的清宫旧藏有个'学术归宿'"①。不然，它们就是一盘散沙。自那以后，故宫的学术研究、出版、各种学术会议，甚至展览、传播，都有了一个坚实的学术靠山，对故宫的发展，肯定是一个巨大的支撑。

其实，我们故宫学研究所的学术会议都是蛮有意思的，许多会议主题，都不是一次性的，而是"系列"的。举一个例子，刚才说到西藏，说到宫廷与西藏的联系，我们故宫学研究所就有一个学术会议，叫"宫廷与边疆"。这其中就涉及清宫与西藏的关系。比如，乾隆皇帝曾经多次征讨大小金川，四川藏区著名的碉楼，就是当年与清军作战的军事设施。我虽然没有提交过学术论文，但当年的战争现场，也就是今天四川阿坝、甘孜藏区，我跑过无数次，进行过无数的实地考察，我的太太就是藏族，在碉楼之乡丹巴长大。在《西藏书》里，专门收了许多写当年战场的文章。类似的学术会议，还有"宫廷与江南"，等等。

①郑欣淼：《故宫、故宫文化与故宫学》，见《故宫与故宫学》，第245页，北京：紫禁城出版社，2009 年版。

《南方人物周刊》：您认为，在现在讲究互联网思维的时代里，故宫怎样既能适应潮流，而又不受潮流牵制？

祝勇：故宫这种放低身段，与大众打成一片的做法，受到游客、网友的大力追捧。作为一个故宫学的研究者，我与我的同事们都相信，只有走出象牙塔，让更多的人接近和喜爱故宫，故宫所蕴含的文化精神才能得到认可和实现，保护好这座文化宫殿才能成为大家的共识。郑院长曾说："12 集电视纪录片《故宫》，为什么一时风靡全国，成为街谈巷议的话题？这说明人们需要深入了解故宫，故宫也需要向社会宣传。"[1]从 10 年前的纪录片，到今天的各种电子应用产品和文创产品，故宫的这种传播意识一脉相承。但无论手段多么鲜活、与时代同步，它们背后的创作是严谨的、以学术性作保障的，它们所展现的不仅是商业诉求，而且是文化抱负。

故宫需要文化上的创造力，但这种创造力是建立在传统文化的深刻理解上的，轻松之中见严肃，活泼之中见风骨。

---

①郑欣淼：《故宫、故宫文化与故宫学》，见《故宫与故宫学》，第 241 页，北京：紫禁城出版社，2009 年版。

我觉得这让故宫的文化传播既惹人喜爱，又特立独行。

《南方人物周刊》：10 年里，您对故宫的认识是否有过变化？

祝勇：从《旧宫殿》开始，我写故宫十几年，故宫在变，我的写作也在变。写《旧宫殿》时，故宫带给我更多的是建筑带来的震撼与惊悚——从视觉到内心，一种全面的杀伤力。那时候，年轻，有锐气。所以作品里，我把紫禁城的建筑当作典型的集权主义建筑，对这种建筑意识形态进行批判。在我看来，集权主义建筑是一种抹杀人性的建筑，不仅抹杀后妃、宫女、太监的人性，连皇帝的人性也抹杀了。这一主题在《故宫的隐秘角落》里也谈到了。比如我写顺治帝，他人生中的困局就是由宫殿造成的，24 岁就死了。但顺治皇帝的命运不是个案，在宫殿中，一代代重演。但这些年，我的眼光发生很大变化。这与年龄变化有很大关系。年龄大了，人也慢慢变得温和了，不那么寒意逼人。经历的沧桑多了，对于世界，反而不会看得太冷。就像鲁迅，文字中有刀斧的力度，但他看世界的目光并不全然冰冷，在他心底，还保存着一缕温暖，他通过阿 Q、祥林嫂、华老栓对国民性展开批判，是因为他心底是暖的，是有爱的，所以才"哀其不幸，怒其不争"。所以，批判不能止于批判，批判是为了爱。

我不爱集权制度，但集权主义建筑却有它的壮丽，没有集权主义制度，就没有我们眼前这座美轮美奂的故宫，没有这些从历代皇家流传至今的珍贵文物。中国历史中也曾经分权，比如周代分封，汉初分王，唐代藩镇，带来的却是群雄逐鹿、"七王之乱""藩镇割据"的惨烈图景，清朝为了夺取和巩固政权而分封诸王，封吴三桂为平西王，耿精忠为靖南王，尚可喜为平南王，使他们成为中国历史上最后一批藩王，但仅过了 20 多年，"分封"的恶果就显露无遗，藩王们割据一方，尾大不掉，使藩地成为针插不进、水泼不进的独立王国，不仅侵蚀着皇帝的权力，而且所有的行为还都让皇帝买单。在即将出版的《故宫的隐秘角落》这本书里，我透过康熙与吴三桂的关系（见《昭仁殿：吴三桂的命运过山车》）探讨这个问题。集权主义是历史自然选择的结果，存在即合理，不能进行简单的是非评价，要放在历史的环境中，以历史的眼光去看。

《南方人物周刊》：《故宫的隐秘角落》是您对故宫建筑

的探索。这又会让您对人性、世事有何新的感获？

祝勇：我的导师刘梦溪先生有一句话，叫"历史之同情"。这句话对我影响非常大，可以说主导了我这些年的写作。简单地说，我们不能完全用今天的眼光与标准去要求古人，那样的话，我们只有"马后炮"的批评。在他们的时空里，未来的一切路径都是不清晰的，我们要对他们在那种情境下的选择进行分析，而不仅仅是"后来者"的批判。

还用《故宫的隐秘角落》举例，书中有一篇写慈禧的文章，叫《景阳宫：慈禧太后形象史》。我试图从 1924 年清室善后委员会从景阳宫发现的几百张慈禧照片出发，一步步探寻慈禧的内心世界，这样，晚清 50 年的历史脉络就会一步步清晰起来，比如慈禧为什么发起了洋务运动，又扑灭了戊戌变法，最后又实行新政，展开一场比戊戌变法更深入的政治体制改革？对于她政治生涯中的反复、对晚清历史的起落，我们的解读过于简单化，她的形象，也被定格为单一的反面形象，而少了历史的真实感。这样向历史交差，我觉得太草率了。我们对慈禧的判断，在很大程度上被康有为于日本早稻田写下的个人回忆录《康南海自编年谱》忽悠了；她复杂的内心，也被辛亥革命以后逐渐形成的革命史观遮蔽了。所以我想秉持人性的眼光，对她内心的脉络进行一番重新审视和梳理，读者可以不同意我的观点，但应当认同这种重新的审视和梳理。

《南方人物周刊》：如何捕捉历史杰作中，我们没注意到的细节？

祝勇：这一点是最难的。我在写作中十分重视细节，有时一个细节，胜过千言万语。但我写历史，不是纯文学性的，不能虚构细节。而在史料中，细节又是最难找的。所以要细心、耐心，大海捞针。

《南方人物周刊》：关于历史的文学性表达，让我想到二月河。在《故宫的风花雪月》里，您也写到雍正皇帝（《如花美眷，似水流年》），通过雍正帝喜爱的《十二美人图》，分析他的内心隐秘。这与作家二月河笔下的"雍正皇帝"有何不同？据我所知，他也研读过大量史料，包括《大义觉迷录》。

祝勇：解玺璋说我在写作中奉行一条"中间路线"，就是在历史与文学之间达成一种平衡，这种说法十分准确。我是想文史兼容，在我眼中，像《史记》这样的历史经典，也是文史兼容的，对此，我曾多次说过。假如偏向历史，固然确保了科学性（历史是一门人文科学），却损害了我前面说过的人性的眼光。文学是人学，关注人的精神活动，而所有的历史，都是当事人精神活动的结果；假如向文学偏一点，主观性就强了，就可能背离历史的真实。

像二月河写清代三帝，显然对历史有深入的研究，但他写的毕竟是小说，掺杂太多想象的成分。比如他写《雍正皇帝》，把雍正帝描述成一个"高大全"的历史形象，小说里的矛盾，主要是他与"暗藏的敌人"，也就是他的兄弟之间，在治国过程中产生的矛盾，这就有违真实，因为雍正帝上台，把他的兄弟们基本都"肃清"了，他们早已不再有挑战他权力的可能。对于兄弟之间夺权斗争的残酷性，《故宫的风花雪月》里已做了充分表达。但我非常理解二月河，因为假如按历史事实写，小说的矛盾线就没有了。二月河这样写是允许的，因为他写的是小说，小说需要主观的成分，需要大胆驰骋自己的想象，中国小说不是想象力太多，而是太少，太束手束脚。我也写过一部历史小说，刚才说过，就是《血朝廷》，我深知，写历史小说，有一个基本的历史框架，有几个真实的历史人物就行的，其他的全看写作者的想象力，当然，还有对历史的理解力。

问题不在于写作者，而在于我们的读者和观众。他们读历史小说，看历史电视剧，像《雍正王朝》《甄嬛传》《武媚娘传奇》，把它们当作真实的历史，这就大错特错了。它们只能当作艺术品欣赏，不可代替读史。

所以，对我而言，写《血朝廷》这样的长篇小说只是过把瘾，偶尔为之，更多的，还是走"中间路线"，坚持文史不分家。尽管不存在绝对的"信史"，但相对的"信史"还是存在的。我作品中的史料都是有出处的，有人让我删掉书里的注释，我坚持不删，因为出处都在里面。同时，我不写历史八股，那种人性的写法，读者喜欢看，对历史的表达也更生动、深入、准确。

我的写作与二月河的区别，除了他是文学的写法，而我试图在文学与历史之间达成一种平衡以外，对历史的认识——具体说，就是对雍正皇帝的认识也有所不同。二月河把雍正皇帝当作一位"明君"，他与贪官坏官之间的关系是一种二元对立的关系。我觉得这样解读一个历史人物流于简单化、脸谱化了。雍正皇帝是"康雍乾盛世"中承上启下的人物，有他的历史贡献，但如同所有的帝王一样，他也有敏感、冰冷、残酷的一面，对此，在《故宫的风花雪月》这本书里，通过《如花美眷，似水流年》这篇文章，以《十二美人图》作为一个独特的视角，对他内心深处的隐秘一点点做了剖析。

《南方人物周刊》：在这场与古人的"对话"中，您将怎样掌握主观表达与客观事实的平衡？哪些部分是对以往史实记载的突破？

祝勇：史实是基础，不可能有"突破"。也就是说，我所有的记述，都是以史料为基础的，不可能去编造史料。但这并不等于说，所有的史实都被先人记录过，我们什么都不需要做了。我们以现代的眼光重看历史，就要对已有的史料重新利用，既要辨其真伪，也要在貌似不相关的史料中，发现新的联系。比如前面提到的康有为所写的回忆录《康南海自编年谱》，字里行间充满了自恋式的自我夸大和对时局的错误臆测。这是由康有为的性格决定的。其实戊戌变法后来以失败告终，更多地取决于这样的性格，而不是袁世凯的所谓"告密"。

假如我们认真对待先人留下来的史料，我们就会发现许多的"人云亦云"都是不靠谱的。比如慈安是慈禧毒死的，慈禧挪用海军军费修建颐和园导致甲午战争失败，袁世凯告密使慈禧发动政变，导致戊戌变法失败，等等。这些都不是事实，对此，史学界已有认定（我尤其敬佩茅海建先生所做的努力），但普通读者却仍坚守成见。我笔下的慈禧形象，可能许多人不能接受，因为口碑的力量太强大，即使用事实，也不一定能校正过来。这让我的写作变得异常吃力，也因此显示出它的价值。我要让他们喜欢看历史，能够读懂历史，从发现真相中得到乐趣。

《南方人物周刊》：让更多人了解、亲近故宫，从而亲近真实的历史，是您写作的初衷？您认为您达到了吗？还有什么是您想写还未进行的？

祝勇：前几天接到国际关系学院（我读大学本科的学校）校友的电话，比我高几级，完全不认识，而且是从事国际关系专业的，与文史没有关系，但他们也喜欢《故宫的风花雪月》，也买了许多本，分送给同学，还在微信群里探讨。大家喜欢读，对我来说是一种认可、一种鼓励。但在故宫，我只是一名小学生，不懂的东西太多。故宫是一个文化的宝库，我学不完、写不完，但还会凭一己之力去努力，这只是一个小小的开头。我希望 10 年之后，故宫博物院 100 周年的时候，我能交出一份自己满意的答卷。

采访时间：2015 年 3 月 22 日

原载 2015 年第 10 期《南方人物周刊》

采访者：彭苏

故宫乾清宫，郑欣淼摄

表达与众不同的故宫

——答《中国新闻出版广电报》记者问

　　3 岁那年，祝勇跟随父母来北京，第一次见到了故宫。与故宫之间的缘分，仿佛在冥冥之中注定。多年后，以故宫为题材，祝勇写下《旧宫殿》《故宫的风花雪月》《故宫的隐秘角落》等大量著作。到故宫博物院故宫学研究所供职后，祝勇得以从内部细致观察，感触与描述更加贴切。祝勇尽量用现代的手法来表达故宫，以免其过于严肃，拒人于千里之外，希望让更多读者爱上故宫。

细节更具冲击力

《中国新闻出版广电报》：围绕故宫博物院，您创作了大量作品。到故宫博物院故宫学研究所工作后，围绕这座宫殿，您的创作比重是否加大，情感诉求是不是更浓烈了？

祝勇：调到故宫学研究所后，我对故宫的认识更加深入了。以故宫为题材，虽然之前写过一些作品，但我只是一个旁观者、对故宫感兴趣的人。现在，故宫已经成为我生活、工作的一部分。得以从内部细致观察后，我的感触和描述更加真切。

《中国新闻出版广电报》：近一两年来，故宫渐渐褪去其严肃、高冷的一面，走上萌系路线，吸引了非常多的年轻观众，这些在您的意料之中吗？

祝勇：没有完全料想到。我去过诸多博物馆，但依然震撼于故宫这所文化机构的博大精深。在写作时，我尽量用非常现代的手法来表达故宫，以免其过于严肃，拒人于千里之外。希望能够找到衔接点，让年轻人对故宫、对传统文化产生兴趣。

有时候，一个小细节往往比宏大的概念更有冲击力。一个事物对人的影响，都是从细节开始的。故宫吸引了更多年轻人，也是从文创产品等一个个小细节开始的。

《中国新闻出版广电报》：10 月 10 日，故宫将迎来 90 岁生日，您的哪些作品，是送给故宫 90 岁的生日礼物？

祝勇：《故宫的隐秘角落》是我的新作，本书谈故宫建筑，亦不止于建筑，因为建筑也不过是历史的容器，在它的里面，有过多少命定、多少无常、多少国运起伏、多少人事沧桑。另外，我之前的《旧宫殿》《血朝廷》均推出最新版本，做了许多修订，收进东方出版社的"祝勇作品系列"。

《故宫的隐秘角落》通过建筑勾连秘史，不仅仅在写建筑，更重要的是写建筑里面的人。一般观众都比较关注故宫中轴线上的太和殿、中和殿、保和殿、乾清宫等，并不过多注意故宫里的隐秘建筑，但这些一直未开放的"神秘地带"，充满了荡气回肠的人物遭际和历史风雨。

书中只选取了六个宫殿，这些并不是我想写的全部，我希望能够继续写写雨花阁、漱芳斋、重华宫、建福宫等。与这六个宫殿相关的文章，在《十月》杂志连载了一年，今年没有继续写，想歇一歇。两个系列之后还会继续写，但还是不要以专栏的形式出现为好。

有时因为史料不够，有时因为内心情绪不够饱满、创作状态不佳，有一些写废或者写了一半进行不下去的文章。

《永和九年的那场醉》当初放了半年，重新拾起来后可谓一挥而就。为避免平铺直叙，把非虚构作品写成流水账，但也不能为达到戏剧效果而虚构、添油加醋，所以，我需要花费大量精力积累和查找史料，仿佛大海捞针般，从《明史》《清史稿》《清实录》等古籍中寻找细节。

避免陈词滥调

《中国新闻出版广电报》：《故宫的风花雪月》曾荣获"第三届朱自清散文奖"，作品属于散文范畴，但却对散文这一形式有所超越，让艺术、文学、历史等很好地融合。最开始时，您确定这种书写是受认可、受欢迎的吗？

祝勇：不怎么确定，甚至有一丝忐忑。但我想表达一个与众不同的故宫，想通过自己的书写给散文这种形式提供一个全新空间。我的想法得到宁肯的支持，他知道我的创作是想象之外、非陈词滥调的，我自己也在探索。"故宫的风花雪月"专栏在《十月》杂志开设后，我写得酣畅淋漓。事实上，这种风格也得到同好的认可，台湾诗人杨平看过《故宫的风花雪月》后，用"匪夷所思"形容，这种写法是他想象之外的。

《中国新闻出版广电报》： 作为《故宫的风花雪月》的姊妹篇，新作《故宫的隐秘角落》除书写的对象不同外，还有哪些探索与创新呢？

祝勇：《故宫的风花雪月》现代感强，用今人的文化视角，重新认知和理解古人名作；《故宫的隐秘角落》更加理性，对中国历史独特现象有我个人的分析。

《故宫的风花雪月》在写古代艺术品怎样出生，又在经历了怎样的坎坷之后抵达我们的眼前，但绝不仅止于此。更希望让当代人的情感在古典书画中找到一个入口，实现与传统文化的对话。例如，顾闳中的《韩熙载夜宴图》，刻画了韩熙载醉生梦死般的放纵生活。现代人在物质面前迷失、沦落，最终结果，也可能是悲剧性的。

在《故宫的隐秘角落》中，我想达到一种有收有放、张弛有度的效果，有我理性的思考。读者可以只看故事，如果不满足于这个层面，也可以借我的文字，进行更深入的思考。

《中国新闻出版广电报》：作为故宫学研究者、作家，您能否推荐几本故宫题材的图书？

祝勇：《隐忧与曲谏——〈清明上河图〉解码录》，作者余辉为故宫书画专家、故宫研究院副院长。与其他关于《清明上河图》的虚构类作品不同，这是一本既有专业性，又很好读的著作。余辉以多年的研究，试图解开《清明上河图》内深藏着的历史密码。

原载《中国新闻出版广电报》2015 年 10 月 9 日

采访者：杨雅莲

每个人都会找到自己喜欢的故宫

——答《天津日报》记者问

《天津日报》：《故宫的隐秘角落》这一书名让人一下子联想到故宫里那些"未开放区"。除了这一层意思，更多的内涵是什么？写这样一本书的初衷是什么？

祝勇：故宫是世界上最大的古代宫殿建筑群，一个旅行者经常会感叹：故宫太大了，故宫一次是走不完的。人们来故宫参观，绝大部分是走中轴线，也就是从午门进入，过太和门广场，参观三大殿，再过乾清门，参观后三宫，然后到御花园，最后从神武门出宫。他们领略到的，是故宫庄严宏大的一面，因为故宫最重要的建筑，几乎都排列在中轴线上。但故宫是丰富的，每一个局部都有它的生动之处，也都有不同寻常的历史。因此，游览故宫的线路不止一条，对故宫的印象，也不应是一个统一的、标准的印象，每个人都会找到自己喜欢的故宫。我写《故宫的隐秘角落》，正是想呈现一个我心目中的、个性化的、有情感温度的故宫。

《天津日报》：对故宫产生兴趣，以及后来成为故宫的研究人员，这是怎样的一段历程？2002 年至 2011 年，10 年间您奔走在全国各地寻找历史现场，这对您认识故宫，以及对您的人生起到了怎样的作用？

祝勇：那是一段很难得的积累。故宫的文化内涵，不是仅仅局限在红墙之内的，而是中华五千年文明的积累与凝聚。就拿它的宫殿布局来说，兑现的是《周礼》的思想，从周代到明清，这是跨越几千年的文化对话，还有传统的天地阴阳、五行八卦学说，在故宫建筑中都有应用。更不用说故宫收藏的 180 多万件（套）藏品，完全可以串连成一部中国通史。所以我们前任故宫博物院院长、现任故宫研究院院长的郑欣淼先生说："故宫文物是中华五千文明的重要载体和见证。"

所以我们看故宫，应该有一个开放的视角。故宫的研究工作，其实也是在这个开放的视角下展开的。比如故宫学与藏学就有联系，因为清朝所有帝后都信仰藏传佛教。游访者站在三大殿的台基上向西北方向望，可以看见一座顶部有四条飞龙的建筑在宫殿中凌空而起，那是著名的雨花阁，是仿照西藏阿里古格的托林寺坛城殿修建的，很少有人会想到，北京的故宫，竟然与数千公里之外的西藏阿里有着这样的联系。

历史的联系，往往会超出我们的想象。我在以往十几年中在西藏、在江南、在全国各地寻找历史现场，许多经验都可以在故宫内部得到印证。这让我今天在面对故宫的时候，有一个更加立体的维度，有自己独特的视角。

《天津日报》：2011 年开始，您成为故宫博物院的一名工作人员，平时主要工作内容是什么？在这本书的自序里您写到，在我心里，故宫就是生长"隐秘"的地方，一个"隐秘"消失了，就会有更多的"隐秘"浮现出来。在不断"破解"故宫的"隐秘"这一过程中，尤其是您来到故宫博物院工作以后，您对故宫有了怎样更为深刻的认识？

祝勇：我具体的部门是在故宫研究院故宫学研究所。"故宫学"这个概念是当时郑欣淼院长在 2003 年提出来的，实际上这一领域的研究早就有了，1925 年故宫博物院创立之初的那一代学者，像蒋梦麟、沈兼士、陈垣、马衡等，都做了重要的奠基工作。至于"故宫学"的研究内容，说白了，包含了故宫里的一切，包括建筑、典藏、宫廷文化、明清档案、清宫典籍，还有故宫博物院自身的历史，等等。总之，故宫几乎无处没有学问，在故宫我们充分感受到了一个人知识的有限，也感受到生命的有限。在故宫，我经常感觉到像在大海中游泳一样，茫然无助。我们或许已经知道了很多，但我们不知道的更多。我觉得，对于一个研究者来说，最重要的是产生问题意识，能够不断地生成问题，然后才能去解决问题。我觉得对于"故宫学"研究来说，这一点特别重要。不然我们就会被这片大海湮没，尸骨无存。

《天津日报》：*在故宫里与历史中人"对话"，这对您来说是一种怎样的人生经历？会不会有种穿越的感觉？*

祝勇：我曾经写过文章说，故宫里所有的人与事都未曾离开，他（它）们就在我的身边，与我朝夕相处。英国历史学家爱德华·霍列特·卡尔（Edward Hallett CARR）说过一句话："历史是现在与过去之间永无止境的问答交流。"我在写《辽宁大历史》时，在扉页上写下这句话，我觉得它解释了我们历史书写的全部意义。在历史中，每个人的生命都是沧海一粟，但他们不会全然消失，他们会留下痕迹。故宫是一个特殊的场域，在故宫里，我可以看着他们曾经存在的痕迹一点点地浮现。

《天津日报》：您用散文的方式写故宫，是出于怎样的想法？作为故宫研究人员，会不会担心这样的写法会缺少学术性？

祝勇：一部作品是否有学术性不一定是由它的体裁决定的。什么叫学术性？我觉得学术性首先并不表现在使用论文的文体，而首先表现在我前面所说的问题意识。学术性的根本，在于有没有问题意识，能否对问题进行研究，并且给以抽丝剥茧的解答。至于文体本身，那只是一种外壳，如果只强调外壳，那就是舍本逐末，是学术八股。

即使用散文的方式写故宫，我仍然是强调学术性的，但我把这种诉求藏在背后，秘而不宣。我首先是希望文章好看，能够吸引读者关注故宫，关注故宫里的历史。但我决不戏说，也不会停留于讲故事。其实我的每一篇文章，都在探讨问题，比如在《故宫的隐秘角落》里，写太子胤礽的那篇，实际上是在探讨清代皇位继承的悖论。清朝皇帝试图打造德才兼备的继承人，但帝国的性质决定了他们只能在皇子中找继承人，这又注定会导致皇子们的自相残杀和执政能力的递减。这曾是历朝历代的政治困境，清朝试图探寻一条有自己特色的解决之路，最终还是倒在这里。晚清辛亥年，正是由于"皇族内阁"的出台，给这个危机重重的王朝压上最后一根稻草，导致王朝的彻底倾覆。你越要维护王朝血统的正统性，就越是维护不了。还有吴三桂的那篇，写康熙皇帝与吴三桂，这两个原本没有任何私仇的人，展开一场你死我活的厮杀，还有吴三桂与陈圆圆的悲欢离合纠缠其中，表面上是个人命运，实际上是探讨中国历史上中央集权这一命题。对于封建王朝而言，这也是一个双刃剑，因为没有中央集权会导致天下大乱、帝国瓦解，而绝对的集权又会使权力不受约束，同样使帝国瓦解。但我不会直接去论证这些问题，而是藏在后面，用充满戏剧性的历史事实，去引导读者思考这些问题。

《天津日报》：这两年《甄嬛传》等清宫剧的热播，引得更多人对游览故宫产生兴趣，甚至还会循着电视剧里的场景去游故宫，但也有不少人抱怨游故宫不得法而白走一遭。能不能介绍一下游览故宫的"门道"？

祝勇：还是回到开始时提到的那个问题，每个人都会找到自己喜欢的故宫。刚才说，故宫很大，很庞杂，包罗万象，这为我们多角度地认识故宫提供了可能性。

比如，喜欢《甄嬛传》这些清宫剧的人，可以侧重于后宫，比如后三宫（乾清宫、交泰殿、坤宁宫）、东西六宫，还有我《故宫的隐秘角落》里所写的皇太后的居所（慈宁宫、寿康宫），等等。

还有许多主题可以关注，可以作人物之旅，比如慈禧——她曾经住过长春宫、储秀宫，在养心殿垂帘听政，晚年住在宁寿宫，喜欢在宁寿宫区的畅音阁大戏台看戏。

可以作戏曲之旅——在故宫，有许多戏台，比如漱芳斋戏台、风雅存室内小戏台（目前还未开放）、宁寿宫区的畅音阁戏台（开放）、乾隆为自己营建太上皇宫殿时在倦勤斋建的室内小戏台、慈禧时期建的长春宫戏台、丽景轩室内小戏台，等等。

也可以作书卷之旅——武英殿，康熙年间开设修书处，专门为皇家刊刻书籍；文渊阁、昭仁殿、摛藻堂（在御花园内东北部、堆秀山东侧）等，都是专门存书的书房。其中文渊阁是清代宫中建成的最大一座藏书楼，曾藏有全套《四库全书》。后来《四库全书》去了台湾，这座藏书楼却完好地留到了今天。我在《故宫的隐秘角落》里写到了这座藏书楼，提到台北故宫博物院院长周功鑫当年第一次踏进北京故宫时，说她第一想去看的，就是这座文渊阁。

其实，在故宫，暗藏着许多线索，我们可以遵循各自不同的路径去认识故宫。这样去看故宫，有点像做论文了，一定会加深我们对于故宫的了解，而不是走马观花、流于表面。故宫墙多，门也多，这暗示着我们可以从不同的角度进入它。我想在每个人的心中，都有属于他自己的"故宫隐秘角落"，等待着他去发现、解读。

采访时间：2016 年 5 月 13 日

采访人：李香玉

叁

谈写作

On
Writing

- - - - - - - - -

面对故宫这样的庞然大物，该用什么方式把它写出来、表达出来？写作本身就是一个漫长的摸索学习及不断地加深认识的过程，是一个深度体验文化、产生变化的过程。

没有一个隐秘角落是孤立存在的

——答《长江商报》记者问

《长江商报》：祝勇老师好，您很早就成名，是什么原因促使您拿起笔进行文学创作的？

祝勇：喜欢吧。我从小就喜欢阅读，喜欢写作文，上了高中，参加文学社，就开始主动写。那个时候我的语文老师叫王大中，很有名，他主张学生要"自能成文"，就是不要老写命题作文，这就相当于创作了。后来把自己写的文章投寄给报社，就发表了一些。

《长江商报》：您有什么特殊的写作习惯吗？

祝勇：没有，既不听着音乐写，也不泡在澡盆里写。但一般在电脑边放一杯咖啡。年轻时会熬夜写，因为一个作品会放不下来，而且，夜晚会给人一种魔幻色彩，思路会很活跃。现在人到中年，一般是起床后写，很规律。写作是一场马拉松，急不得。

《长江商报》：您的写作理想是什么？

祝勇：写出最好的历史文学。

《长江商报》：能不能具体谈谈？

祝勇：历史文学的范畴其实很宽，500 年前的事算是历史，50 年前的也算历史。许多西方经典名著，像《巴黎圣母院》《九三年》《笑面人》《战争与和平》《百年孤独》，都是以历史为主题。中国新时期盛行的家族小说，许多也可以算是历史文学，像《白鹿原》。我们现在不大写历史长诗了，小说就具有了某种史诗性。其实这个使命也可以由散文来完成，因为虚构、非虚构，都有各自的力量。

《长江商报》：您现在的生活和工作状态是怎样的？

祝勇：写作需要心很静，因为写作最终还是要靠作品说话。林散之先生说："若徒慕虚名，功夫一点没有，虚名几十年云烟过去了。"他说的是那个时代，这个时代信息的覆盖力更强，虚名可能更加强大，但也消逝得更快。我的心很静，宁可没名，也要写自己满意的作品，不然给自己交代不了。

《长江商报》： 生活中您有什么特殊爱好？

祝勇： 最特殊的爱好就是看书，因为看书首先是爱好，第二这爱好很特殊，如今有这爱好的人不多了。我一天不看书就难受，一星期不去书店就觉得少了点什么，基本上属于见到书就挪不动步。我对好书有很强的占有欲，不买不足以平民愤。家里的书都快没地方放了，但还是要买。每天睡前都要坐在床上，看一个小时闲书，比如小说，或者回忆录。

《长江商报》： 这本书为什么起《故宫的隐秘角落》这样一个名字，它有怎样的寓意？

祝勇： 它既是具体的，也是一种象征。具体是因为在故宫的确有一些地方没有开放，人们觉得很神秘，但是，即使开放的地方，它的神秘性也丝毫没有消失，总有许多事物在吸引我们，去一探究竟。所以说，空间上的隐秘是相对的，而心理上的隐秘是绝对的——它永远存在。当我们解开一层秘密，新的秘密又会浮现出来，永无止境。

《长江商报》：您的工作和生活经历对您写这本书有什么帮助？

祝勇：在故宫工作，给我带来的便利首先不是有更多的机会去未开放区，去那些隐秘的角落，而是给我一个关于历史（尤其是明清）的、比较全面的知识谱系，还有发现问题和分析问题的能力。也就是说，在我的世界里，至少有两个故宫。一个是物质化的故宫，它表现为建筑、文物，等等；另一个是学术化、或者说精神化的故宫，它是我的前辈、同事们通过日积月累的学术研究缔造出来的一个世界，一个知识的谱系，它们让我能够从一个更大的视角去观察故宫，因为在故宫，没有一处细节，没有一个隐秘角落是孤立存在的，它们总是通向最庞大、最浩瀚的历史。

《长江商报》：您在《慈宁花园：艳与寂》里写道："很

多年中，我都在想一个同样的问题，皇帝会有梦想吗？假如有，那梦想会是什么呢？"如果说您还有梦，那您的梦想是什么呢？

祝勇：天下一统，繁华永固，这或许是所有皇帝的梦想。但皇帝也是人，作为具体的人，他们如同我们每一个普通人一样，一定都有着具体的梦想。其实我们每个人的一生，都是由许多细小的、具体的梦想组成的，而所谓的大梦想，也一定是由无数个小梦想堆积而成的，假如没有这些小梦想，我们的人生一定是空洞的、虚假的，大梦想也只能是望梅止渴。因此，我在书里写这些皇帝时，观照了他们的双重身份——一方面，他们是皇帝，永远站在时代的风口浪尖上，他们的一举一动都左右着历史的进程；另一方面，他们也是凡人，暗藏着这样或者那样的梦想。对于一个真正的普通人来说，小梦想和大梦想可能并不矛盾，但对于帝王来说，皇帝的梦想与凡人的梦想可能会打架，形成深刻的冲突，左右为难。这样的内心冲突，以及人性在冲突中的挣扎，是我的写作重点。历史中的任何人，他的存在都不能被简单化、符号化，皇帝也一样。

《长江商报》：故宫题材近年很火，您怎么看待这个现象？

祝勇：这一方面与故宫近年所做的努力有关，博物院不再走高冷路线，而是更有亲和力，历史也可以贴近人心，因为历史本来就是由人、由血肉情感组成的。另一方面，大众对历史始终抱有极大的热情，故宫博物院将学术成果转化为微博、微信、APP、文化衍生品、普及读物等，刚好与大众的期待相呼应，所以才会火。过去人们痴迷于戏说，其实不是戏说有多强大，而是我们传播历史的手段太单一、太学究、太面目可憎了。没有情感的互动，大众自然不会感兴趣。

《长江商报》：您希望读者抱着一种什么样的心态来看您这本著作？希望他们能从中看到些什么呢？

祝勇：这本书其实就是换一种方法写历史，把严肃的历史写得好看。历史本身就有戏剧性，这一点我多次谈到过。历史中的巧合、个人命运的起落，常常超出我们的想象。所以已经不需要再去"戏说"了，只要把历史的真实挖掘出来，能够以一种恰当的方式表达就可以了，而且比小说更加惊心动魄，因为所有的人、所有的事都是真实的。这是我写作的第一个层次。

在这下面，这本书还是有一定学术性的，对一些历史现象有所思考，比如《昭仁殿：吴三桂的命运过山车》中涉及集权与分权的矛盾，《寿安宫：天堂的拐弯》中涉及封建王朝的接班人问题，等等，试图将读者的视线引向历史的深处。但绝不能说教。很多事情，仁者见仁，绝不强求一致。历史本身是复杂的、多面的，对历史的解读，我想也是多元的，我的写作，从来不会求出一个简单的答案，历史永远不会有一个标准答案，所有答案都是相对的，因此只要引发人们去想些问题，能够从历史中得到一些有益的东西，这就够了。

总之，不同的读者会从书中得到不同的东西——思考得深入些也可以，只带着窥视的心态去看历史也无妨。

《长江商报》：故宫最吸引您的地方是什么？

祝勇：它是一本常读常新的书，很像博尔赫斯的《沙之书》。在博尔赫斯的笔下，那书是由流沙组成的，常常在流动中，每次翻开都不一样。故宫就是这样的一本书，表面上看，它是建筑，是文物，无论它的内容多么庞杂，还都是有边界的，但实际上，它是没有边界的，关于它的知识、它的秘密，永远在增长。当你自认为了解了一些时，更多的秘密就会涌现出来。

举例说明：故宫的文物总量在不断增长，由150多万件（套），到160多万件（套）、170多万件（套），到1807558件（套），文物为什么会越来越多呢？一方面与文物的购入、捐赠有关，但我想说，文物本身就是一个膨胀的体系，随着时间的推移，文物观念的变化，原来不算文物的，慢慢地都会变成文物。比如清代帝后的书画作品，过去不被视为文物，而最多是当作资料，后来在文物清理中都进行整理、鉴别，有的已经被列入文物。

故宫本身就是一个不断膨胀的迷宫，我们穷其一生，也只能窥见一斑，它的神秘性，会吸引我一直写下去，欲罢不能。

采访时间：2016年5月28日

原载《长江商报》2016年5月31日

采访者：唐诗云

重建历史现场

——答《南方都市报》记者问

《南方都市报》：《故宫的隐秘角落》的写作初衷是什么？

祝勇： 故宫每天都要接待很多很多游客，但他们在故宫走了一圈之后，对故宫的历史和文化内涵了解得其实很少。一般我们把故宫分为五路：中路、东路、西路、外东路和外西路，由中间向两边不断拓展，目前只有最外边的外东路和外西路有一部分还没有开放。虽然现在故宫未开放的区域越来越小了，但大多数游客还是集中在中轴线上，还有太多他们看不到的"隐秘"的部分，这是挺可惜的。即使对于专业人士来说，对于我们做研究的人来说，故宫的历史隐秘也是永远也探究不完的，所以我觉得应当写这样一本书，去挖掘宫殿背后的历史。

《南方都市报》：写作中您遇到的最大困难是什么？作为一部历史散文，您如何处理历史细节的真实性和文学性之间的关系？

祝勇：我尽可能地不去重复别人说过的东西，要求新，不仅谈到的宫殿要"新"（话题新），史料也尽可能要新鲜，所以，我要查阅非常多的资料，这个工作量挺大的。尤其我们的史料，分散在《实录》《起居注》以及个人笔记中，非常分散、庞杂和碎片化，我要像大海捞针一样把它们找出来，还要找到彼此之间的逻辑性，把它们组织起来，还要写得好看，有戏剧性，有悬念，就难上加难了。

《南方都市报》：能不能举些例子？

祝勇：比如第一篇《武英殿：李自成在北京》，讲李自成打进北京、进驻紫禁城、最终败亡的那段历史。许多人都知道李自成曾经打进北京，在金銮殿上登基当了皇帝，对于他在紫禁城、在北京都做了些什么，最终导致败亡，似乎说不清楚。中共领袖多次讲到，不当李自成。为什么不当李自成？李自成都做了些什么？这个历史环节补不上，历史的逻辑就会非常混乱。

但李自成在紫禁城里的经历，明朝的皇家档案中几乎没有，因为那时明朝已经灭亡，崇祯皇帝已吊死在煤山上，不大可能有史官再作记录。清朝的皇家档案也没有，因为那时清朝还在关外，李自成离开北京两天后才进入紫禁城，不可能记下李自成的行动。李自成自己的大顺朝也没有记录保留下来，因为那时一切都很乱，他的政权，恐怕还没有来得及作他的实录。因此，我把寻找资料的重点放在当时人的笔记上，也就是亲历者的回忆录。所幸，那个时代留下了许多文人笔记，为我们提供了清晰的现场记录。比如计六奇《明季北略》《明季南略》，张岱《石匮书》《石匮书后集》，赵士锦《甲申纪事》，刘尚友《定思小记》，等等，很多很多，帮助我重建历史现场，可以具体到当事人的名字，具体到每一个细节。当然，我之所以关注历史的细节，是因为只有细节才最能反映人物的内心。我写历史散文不仅是想讲清历史的脉络，更是要表达一个人在历史中的命运与情感。对于历史人物，我们没法对本人进行采访，去倾听他的述说，只能依赖于细节，因为他们真实的内心可以从细节中透露出来，没有细节支撑，就会写得非常空泛和概念化。所以一旦发现细节我都会用上。但也有很需要细节的时候，偏偏找不到依据，我不能去虚构，这种情况下，就只好放弃了。

《南方都市报》：这本书和去年的《故宫的风花雪月》之间有延续性吗？

祝勇：《故宫的隐秘角落》主要是从故宫建筑作为切入口，讲述故宫的历史风云，因为一般读者对故宫最直观的印象就是建筑，到故宫去首先关注的也是建筑，而《故宫的风花雪月》是通过故宫藏品来讲历史，它们都是我讲述历史的一个角度和侧面，只不过是载体不同。

《南方都市报》：您曾经主创过好几部历史纪录片，又写了好几本历史小说，分别用影像和文字切入历史，对您来说二者之间是怎样的联系？

祝勇：创作纪录片之前，我写作一般不太考虑读者的阅读，写一部作品自己喜欢就行了，至于读者怎么看对我来说并不重要，但是现在我觉得"好看"是挺重要的，它并不一定会损失掉文学性和思想性，反而增加了和读者之间的交流。一部作品只有在完成阅读之后才算真正完成，因为读者的阅读实际上也参与了创作，是创作的延续。读者在阅读中生发出来的情感和思考，可能和作者一致，也可能不一致，就是这种微妙的互动关系，使一部作品算得上真正完成。

做纪录片本身对我来说是一种写作训练。影视是一种历时性的阅读，只能一分钟一分钟往下看，要求观众必须按照它的时间流程来走。而文学作品的阅读既是历时性的也是共时性的，你可以前后翻阅，比如《故宫的隐秘角落》，你还可以从中间开始看，看过中间，再看开头，都没有关系。应当说，影视对于叙述的要求更加严格，如果开头 5 分钟内没有抓住观众，观众马上就会转台，后面再精彩也没用。所以参与到影视的创作中，对文学写作来说会有好的影响，就是会训练我们写得更加抓人。

采访时间：2016 年 6 月 2 日

原载 2016 年 6 月《南方都市报》

采访者：朱蓉婷

把目光集中到故宫建筑和文物的细节上

——答《新京报》记者问

《新京报》：故宫出版社最近出版了涂色书系列《点染紫禁城》，引起极大关注。请您谈谈传统文化与涂色书这种形式是否存在结合的可能？

祝勇：《点染紫禁城之器用流光》是故宫出版社 2015 年 10 月出版的一本涂色书，出版后很受欢迎。三本一套的全新版，马上就要上市了。

看到这本书，我也是挺惊异的，因为它把中国传统的文化符号与时下流行的涂色游戏结合得天衣无缝。所以你这个问题不用回答，这本书已经回答了。

我们知道，故宫博物院是中国古代艺术的大本营，不仅因为紫禁城是现今世界上规模最大、保存最完整的古代宫殿建筑群，这个建筑群本身就是一个大文物，而且里面还存放着超过 186 万件（套）珍贵文物，这些文物，涵盖了绘画、书法、碑帖、铭刻、雕塑、青铜器、陶瓷、织绣、玉石器、金银器、珍宝、漆器、珐琅等 20 多个大类，包罗万象，令人眼花缭乱。故宫博物院的文物太多，太珍贵，太漂亮，如何让博物馆里的文物活起来，让人们认识这些文物之美，对于故宫博物院来说，或许是一个"甜蜜的烦恼"。

旅行者到故宫，一般都是看建筑，被紫禁城壮观的建筑所震撼，最多再看看几个展览，一天的行程，能走马观花就不错了，很难对故宫博大精深的艺术世界有深刻的体悟。《点染紫禁城》这样的涂色书，实际上是利用流行因素，把大家的目光集中到故宫博物院建筑和文物的细节上。比如游客们在观赏宏伟建筑的时候，有谁留意过栏杆上的图案，有海棠线纹、竹纹，还有水族动物？三大殿四隅崇楼的望柱头，采用了二十四节气的图案？

有了《点染紫禁城》，人们坐在沙发里，就能体会到故宫的建筑彩画、器用珍玩、衣饰珠花，又休闲，又审美。其实，中国古代许多精美的艺术品，都是在休闲赏玩中完成的。

《新京报》：请您从美学角度分析一下涂色书这种形式对于个人的创造和学习有多大程度的帮助。

祝勇：我过去说过，创造要以学习为前提。不用学习就能创造，这样的天才，历史上还没有出现过。故宫博物院的建筑，还有里面收藏的文物，每一件，每一个细节，都是精心之作，都凝聚了古人的艺术创造力，而他们的创造力，也是在总结前人的基础上，经过千锤百炼形成的。所以，我们看上去在涂色，在打发时光，其实我们在无意间重复了古代能工巧匠的工作，重温着他们的那种细致，那种耐心，那种一丝不苟。

当然，每个人都会按照自己的想象来涂色，不会涂得跟故宫建筑、文物一模一样。让我们早已熟悉的故宫形象，一下子有了无数种变换，这很有意思。但从这里面，我们还是可以潜移默化地了解古代建筑的色彩学。比如，故宫的宫墙为什么是红色，是有讲究的，从色彩的角度上说，宫墙的红色与天空的蓝色是补色，所以放在一起才最壮观、最美丽。

《新京报》：您觉得这种传统文化涂色书困难何在？前景如何？

故宫乾清宫一角，郑欣淼摄

祝勇：困难在于，故宫从建筑到文物，各种图案、装饰太多，哪些适合转化为涂色图案，很难选择，需要有一种敏锐的目光，而且，这个选择本身，就需要想象力。这套书的策划者华胥老师已经做出了有益尝试。另外值得一提的是，《器用流光》中的图案是展览部老专家、现年 86 岁的梁德娴老师当年对着展品照片一笔一画手工描绘而成；《雕梁焕彩》是古建部赵鹏等几位青年骨干研究古建彩画同时进行的精准描摹；《衣饰生辉》则是在网络上以"撷芳主人"之名广为人知、长期研究古代服饰的青年学者董进以文物图案为基础利用电脑凝练勾描而成的，也体现了不同时代、不同视角下的细节之美。

我不怀疑它有很好的前景，原因是，故宫里的文化符号，是经过千锤百炼的，精美绝伦，而且它的美，与我们现代人的审美完全不矛盾。故宫博物院的责任不仅是典守国宝，更要传薪文化。涂色虽然只是一种游戏，但它让博物院的功能远远超越了红墙，真正成为民众的博物院。

采访时间：2016 年 3 月 31 日

采访人：修佳明

每一件古物都有着神奇的履历

——答《长江日报》"读 + 周刊"记者问

《长江日报》：您解释过，把这些物质称作"古物"，而不是叫作"文物"，正是为了强调它们的时间属性。时间的沉淀，带给您最大的思考是什么？

祝勇：我当年写《故宫的隐秘角落》，此次出版《故宫的古物之美》，其实都是在写历史。多年来，我一直关注历史。《故宫的隐秘角落》和《故宫的古物之美》，只不过转换了历史的写法，让历史有了具体的落点。我们知道，历史是一个时间现象，过去的就过去了，永远无法再现。当然我们可以通过文献来了解历史，但仅靠文献，也很难看清历史的真实面目，因此，我们了解历史，需要许多辅助手段，让历史"立体"起来。古建筑是历史的现场，许多历史大事发生在那里，对于故宫就更是如此。但游客们来故宫，他们看到的只是建筑，与历史是脱节的，在宫殿前照些照片就走了，不知道这些建筑是做什么用的，究竟哪些人在这里出现过。古物也是一样，古物是历史的载体，连接着人的情感、命运，每一件古物都有着神奇的履历，但大多数人对于这些古物在历史中的起承转合并不了解，我们的一些关于文物的读物，也大多只停留在"物质""技术"的层面上，我试图把它们同大家已有的知识体系（比如唐诗、《红楼梦》，比如一些历史事件）勾连起来，打通物质与历史的关系。

《长江日报》：书中有18件古物，故宫藏品如此多，这18件是如何精挑细选出来的？

祝勇：也谈不上精挑细选。中华五千年文明，每一个阶段都有代表性成果，都有富于时代气息的文化符号，像商周青铜、秦俑汉简、唐彩宋瓷、明式家具、清代服饰等，我试图把这些代表性的符号都照顾到，我想通过这些具体的器物，连接成一部"故宫里的艺术史"。来一次故宫，或者读我这本书，就可以对中华文明的五千年流变有一个整体的印象，当然也有很多细节。书里的文字、图片，也都放大了一些细节，让我的文字，乃至整本书，都更有生命感，感觉那些古老的器物都有生命感，栩栩如生。

但也有随意的一面，就是看个人喜好。我不愿意把我笔下的古物那么科学地分类，那样有点累了，写起来累，读起来也累，像一部百科全书。况且故宫收藏的古代文物分成六十多个大类，我这一本书也分不过来。我觉得还是采取与读者倾谈的姿态最舒服，不是上课，因此选取有意思的物件娓娓道来，跟着感觉走，大家听进去多少算多少，我自由，大家也高兴。

《长江日报》： 故宫藏品超过 186 万件（套），每次走近它们时，您是怎样的心情？

祝勇： 惊叹，惊叹古人的想象力和创造力，惊叹他们技术上的精湛，还有他们的审美意识，几百上千年仍不过时，甚至，仍然领先。反过来，我觉得今人在艺术上的创造力比不上古人。原因是今人对美的敏感度、对生命的激情消退了，不如古人。前几天在故宫文华殿举行读者见面会，有读者问我现在小学生为什么写不好作文，我就这样回答她，就是对美的敏感度退化了。那时文华殿正办吴昌硕的展览，吴昌硕半生流离，但他的笔下繁花盛开，连花果梨桃、桌椅板凳都被他的画笔赋予新的生命，是因为他对美敏感，神经被大千世界所牵动，对生命从来不失激情。故宫里的古物，应该让今天的设计师感到难堪。许多古物的设计者，没有文凭，没留过学，没"大师"称号，甚至连名字都没有留下。

《长江日报》：每件文物和它出身的朝代都有不同气质，您个人最喜欢哪个？为什么？

祝勇：很多，比如青铜器里，有一件龟鱼纹方盘。一说到青铜器，人们就会想到那些沉重巨大庄严的青铜鼎，其实到周代，青铜器已经渐渐走下神坛，向日常生活领域挺进，当然是贵族的日常生活。那些日常生活，赋予青铜器更多的形态，更加活色生香。就拿这件龟鱼纹方盘来说，它是一个盘子，用来盛水的。盘子的底部内壁被铸成龟鱼戏水的纹饰，我们可以想象，每当把清水注进盘子里，水纹晃动，会让盘底的龟、鱼也晃动起来，好像在水中游泳。毛泽东词说"鱼翔浅底"，我想，这就是"鱼翔浅底"吧。

还有青铜镜，其实每次面对青铜镜，我都会想，当初是谁手握着这样的镜子，那镜子里，映出的是怎样的容貌。

当然我最喜欢的还是汝窑的瓷器。中国以"瓷器"

（China）为英文译名，可见瓷器在中华文明史上是何等重要。但瓷器为什么如此迷人，一言难尽。我写汝窑瓷器，也只是五大名窑之一。但仅汝窑瓷器这一样，就足以构成一部传奇。包括它"雨过天晴云破处"的色泽，它极简主义的造型，还有它谜一样的身世（它在北宋末年，大致是宋徽宗的时代出现，又在之后神秘消失，它的窑址与制造法，一直是千古之谜，一直到当代才被揭开）。没有汝瓷，宋代士大夫的风雅就会打折。最近大家讨论我们为什么喜欢宋代，我想汝瓷是我们喜欢宋代的原因之一。

《长江日报》：作家冯骥才说您已经着魔一般陷入了昨天的文化里，着魔是一种怎样的状态？

祝勇：不能自拔。我的写作、阅读、工作，乃至生活，都围绕它展开。我好像没有什么业余爱好。我的工作是读书、查资料、写作，"业余"也是读书，偶尔看电视，除了新闻和足球，就找不出什么可看的。所以通常看不了多会儿，就把电视关上，找本书来看。当然，"业余"读的书可能与写作所用的书不同，"业余"读的书可能更轻松些，所以我读书面很广，读古籍文献，读专业书，也读冯小刚、刘晓庆这些明星的书。

《长江日报》：这几年，《我在故宫修文物》《国家宝藏》等大受欢迎，当人们沉浸在这些"昨日"的灿烂文明中时，也给今日和明日哪些启示？或者您自己获得了哪些启示？

祝勇：做好一件事，心要干净，精神要专注。历代艺术家、工匠都创造了各自时代的辉煌，他们把自己的生命都融进去，一辈子只干一件事。当代人杂念太多，讲求短平快，讲求"投入产出比"。

其实是我们心底的爱少了。我们斤斤计较，精于算计，是因为我们不够爱。不爱，就不可能做好。

我不否定商业原则，但商业原则并不完全适用于艺术领域。

故宫里的员工，对专业那么专注，比如我们有许多从美院毕业的博士生、硕士生，他们在宫墙之内，默默无闻地做自己手头的事。更不用说院内的老前辈，做了几十年。故宫是一所大学校，不仅让我们长知识、长技能，更让我们精神上得到滋养。

寻找古物之美，
祝勇带你看不一样的故宫
——答《南方日报》记者问

祝勇来了，这位因为写故宫、拍故宫而闻名的才子，在广州引发一场"追星"热潮。演讲结束后，热情的读者一路追着跑下楼梯，希望有签名合影的机会。看到文化人能得到和娱乐明星一样的热捧，也让一直致力于传播优质文化节目的《南方日报》工作人员深感欣喜。

24日，著名作家、目前正在热播的文化节目《上新了·故宫》总编剧祝勇，携新书《故宫的古物之美》来到广州，和《南方日报》的粉丝分享了很多关于故宫、关于中国传统文化的故事，他多年的好友中山大学中文系教授谢有顺担任分享会的客座主持，两人谈笑风生间碰撞出智慧的火花。

打开心灵，寻觅故宫隐秘之美

祝勇被书迷称为故宫历史的"侦探"，无论是新书《故宫的古物之美》，还是旧作《故宫的风花雪月》《故宫的隐秘角落》《在故宫寻找苏东坡》等，都是祝勇带着读者对故宫一次又一次不同角度的畅游。而最近《上新了·故宫》又让镜头对准了很多故宫中未开放的角落，于是大家都期待祝勇能聊聊没开放的区域中还有啥故事，什么时候才能全面开放。每个人都希望找到专属于自己的故宫隐秘角落。

然而，祝勇给出了大家一个绝妙的答案，"任何没有被发现的历史都是故宫的隐秘角落"。确实，就以延禧宫为例，其实一早就已经对外开放。然而如果不是一部戏热播，大家都不会对这样一座看起来并无突出之处的宫殿感兴趣。

又如《上新了·故宫》带大家看的倦勤斋、畅音阁大戏台，其实院落一直都对外开放，但没有这些深入浅出的讲解释疑，大家即使走到乾隆花园门口，也不会发现自己已经寻找到一个有趣的隐秘角落。

祝勇介绍，故宫的未开放区域正在缩小，在全院同仁的努力下，目前已经开放了 80%，后年或将达到 85%。"然而即使是开放的延禧宫，很多观众对它的历史进程也并不了解，因此在心理和文化上它仍是一个隐秘角落。我们更希望引导观众透过这些表面建筑深入故宫的历史层面。"

《上新了·故宫》一开播即成为热点，更收获了同时段全国收视率第一。《上新了·故宫》之所以好看而且吸引了很多年轻的观众，就在于承继了祝勇带着人情味、带着故事、娓娓道来的笔法，让大家发现历史原来不是枯燥的。

祝勇还幽默地给大家"推测"了一把乾隆的身高。当走入倦勤斋的时候，祝勇都会反复提醒摄制组和艺人，一定要小心，"那么小的空间有那么多块和田玉，基本转不开身，我 180 的人不能挺直走，会撞到头顶，因此我判断乾隆身高在 175 以下。"

除了目前大家看到的《上新了·故宫》会一直拍到故宫 600 岁生日，目前"故宫人"还在筹备一两场大展，是故宫给所有"粉丝"办的一场"生日见面会"。

2019 年，故宫将举办《韩熙载夜宴图》大展，现在，一个精致的让文物活起来的应用程序已经上线，大家可以非常亲切地提早接触这幅名画。

而 2020 年，在故宫 600 岁生日的时候，午门上还将举办《清明上河图》大展。估计在经过 2015 年和 2020 年两次展出后，短期内都不会再展览。

文物保护，保存中华民族的精神祖庙

分享会上，祝勇还介绍了一段承载着中国文物工作者血泪和努力，发生在抗日战争时期的艰难的故宫文物南迁史。"老故宫人"冒着战火把文物转移到南京、上海、长沙、成都、乐山等地。

对于"故宫人"之于文物的这份牵挂和万般维护，谢有顺教授以一段极为精辟的发言，将其归结为中国人对历史的信仰。

中国人对历史的态度，包含着中国文化的根本特质。中国人对历史有着一种近乎宗教般的敬畏，我们若从《尚书》算起，已经有超过两千年写史的传统。这个传统对于我们来说非常重要，它意味着，历史已被建构为中国人的一种信仰。

李泽厚有一个观点。他说，中国人的精神之所以成熟得早，是因为我们很早就完成了从"巫"到"史"的转变。中国人很早就发展出一种清晰的历史意识，正是从这而来。

中国人对文物的态度，就是把历史当作信仰的具体表现。中国人认识世界、认识人的尺度，往往不是以宗教的眼光，而是以历史的眼光。

为什么我们今天要竭力保护文化遗产？尤其是战争年代，很多前辈，在文物运送、迁徙过程中，甚至不惜付出生命的代价也要保护好它们，就在于以文物为代表的文化遗存寄托了我们的精神和文化信仰。从这个层面上理解，文物、祠堂、博物馆其实就是中华民族的祖庙，文物不仅仅是文物，它饱含着中国人对时间的信仰和态度。我们是通过历史来认知自己、定位自己的。如果缺了这个尺度，中国人就不知该怎样来定义自己的位置。

历史不朽，自然不朽，这可以说是中国文学中最为重要的两个不变的价值根基。中国人的价值观、生活观，包括我们对过去的岁月、留存的古物取何种态度，都与此相关。

由于时间有限，《南方日报》的分享会只能在大家的意犹未尽中结束，但《南方日报》还是抓住了祝勇老师赶飞机前的一点儿宝贵时间，帮粉丝们问了最想问的问题。

《南方日报》：在故宫中工作，大家实在太羡慕，也很想知道您每天工作状态究竟是怎样的？

祝勇：其实我平日里就是《上新了·故宫》里周一围的角色，成天泡在故宫的图书馆里，研究故宫，查资料。

《南方日报》：很多文化大家都有不同的对故宫的解读方式，比如王世襄会收藏文物，那么从您写文化散文这样一个独特的角度，包括艺术史的角度，您觉得在讲述故宫的诸多人物里边，您有什么特色？

祝勇：我不会照着教科书的说法去说。现在很流行"替人读书"，我不喜欢这种方式。我想更多地把自己的情感和思考放在里面，比如说我对李白这个人物的解读，里面有感性的成分，也有理性的成分。比如《在故宫寻找苏东坡》大家看得挺新鲜，觉得跟别人写的苏东坡不一样，这是我特殊的观察视角。

　　现代人有一个问题就是没有自己的看法，我们有手机、微信各种获取讯息的渠道，但我们对故宫的了解很多就是依靠"百度一下"就完事了，仅仅是"知道分子"，并不是知识分子。有自己独特思考和价值观的才叫知识分子。我写的故宫，其实是带着对当下、对现实的思考和折射。

《南方日报》：所以《上新了·故宫》这些镜头当中，有没有体现您折射的某种观念？

祝勇：有的。例如第二集中有这么一镜头：3位明星去文物医院看修复戏袍，他们进去以后，故宫的同事都特别淡定，没有一个人抬头去看明星，更没有人去围观。那一瞬间我特别感动，因为他们有"故宫人"的那种淡定、从容和对文物的专注，这就是故宫精神。这些细节都是在节目之中的一种渗透和感染。

《南方日报》：写书和做文化节目的编剧，这两者在对故宫的呈现方式和效果上有何不同？

祝勇：电视节目要照顾到大众，要考虑大众接受的可能性，不能在一个地方停留得过久、过深，你要不断有新的点去吸引他。像《上新了·故宫》结构非常明显，通过一个个的问号去探秘、去推进。但是写作完全可以由着自己的性子去发挥。我只要把自己表达得充分就可以，写一个点我愿意停留可以写 3000 字，甚至 1 万字，不愿意的话三言两语匆匆而过，完全可以根据性子和写作本身的需要去表达。

《南方日报》：文物热、故宫热现在已经成为一种趋势，您说过关于历史的东西不能戏说，那我们在讲历史、讲文化的时候怎么去把握好这样一个度？

祝勇：因为我也写过小说，小说的人物和一些故事可以虚构，但是历史的基本框架和细节要做得真实。小说里的台词虽然是虚构的，但是要符合人物特征和逻辑。这份对待历史的严谨，应是当下作品应该遵循的一个原则。

《南方日报》：西方希腊神庙之类的建筑都强调废墟美学，而故宫则在不断修缮。对于我国古文物尤其建筑的保护和创新，您觉得怎么达成维护原貌和修复这二者的平衡呢？

祝勇：我个人看来，中国传统建筑是木构建筑，和石头建筑有很大区别。木是有生命感的，像一个人在不断生长，所以我们说的"永恒"和希腊神殿强调的"永恒"是不一样的。他们的永恒是依托冰冷的石头，而石头本身就是永恒、不会变化的材料。但是在中国人的观念里，永恒是传递，是不断的传递和不断的再生，并非原封不动的就是永恒。

紫禁城 600 多年来经历了不断生生变变的过程，建成几个月就被烧成了废墟，之后几经损毁也几经修复。所以中国人的永恒不是静止不动的，而是通过传递、再生来实现的，这就是木质结构给予我们的意义，它不仅仅是物理上给我们安居的环境，也是中国人精神哲学的一个表现方式。

《南方日报》：接下来您有什么写作计划或课题？

祝勇：《故宫的古物之美》市场反响不错，需求量还在不断增加，出版社也希望把这个"古物之美"做成一个 IP（成名文创），所以今后我可能会把写故宫建筑、书法、绘画等不同门类的文章放进来，发展成一个大的系列。

共同典守我们自己的文化遗产

——答《中国时报》记者问

《中国时报》： 您刚刚在内地和香港同时出版了新书《故宫的古物之美》简体字和繁体字版，之前您也出版了《故宫的风花雪月》《故宫的隐秘角落》《在故宫寻找苏东坡》这些著作，很受读者欢迎。近年清宫剧在两岸热播，如近日因《延禧攻略》《如懿传》再掀清宫热，您怎么看待这一现象？

祝勇： 故宫博物院是在明、清两代皇宫（紫禁城）的基础上建立的博物院，是中国最大的博物院。故宫博物院内收藏的文物，超过 186 万件（套），故宫博物院一家的收藏接近全中国所有博物院收藏文物总量的一半，而且超过 90% 是珍贵文物，材美工良，是古代岁月里的"中国制造"。

　　另外，除了这些可移动文物，紫禁城本身也是文物，是不可移动文物，占地面积是法国卢浮宫的 4 倍，凡尔赛宫的 10 多倍，俄国圣彼得堡冬宫的 9 倍，英国白金汉宫的

10倍。紫禁城自1420年建成，已经走过了6个世纪的光阴，到后年（2020年），将迎来600周年。但无论紫禁城的建筑，还是故宫的文物，都是规模庞大、博大精深的，因此在学术研究之外，通过文艺作品传播故宫文化，可以让更多人更深入地了解故宫，而不是停留在走马观花，这本身是一件好事情。

《中国时报》：老师可否说说延禧宫的来头？如今的保存、维修状况？您认为从清宫剧中认识的故宫，是否在某些层面上应予导正？可否举例是哪些方面？

祝勇：紫禁城的结构是前朝后寝，前面（南面）是皇帝上朝的场所，后面（北面）是帝后的寝宫。延禧宫是东六宫之一，位置在东六宫东南角，明代就有，康熙二十五年（1686）重修。延禧宫院前东行有苍震门，是进入东六宫的重要门户，所以，这里闲杂人等较多，在封闭的宫院里，被视为邪祟之地，皇后和受宠的嫔妃都不会住在这里。

延禧宫也的确很不"吉利"，因为这里多次发生火灾，然后延禧宫就在废墟上一次次重修。到了宣统元年（1909），隆裕太后下令修建了一座"灵沼轩"，我们常叫"水晶宫"，其实是一座可以走进去的"水族馆"，不仅是为了观赏，更为压制火祟，但直到清帝退位也没修好，成为清宫最大的"烂尾工程"。

至于《延禧攻略》，我没有看，只是太太看时，偶尔看到一点儿，就发现编导发挥的成分比较大。首先片名我就有疑义，"延禧攻略"，我认为不大通，作者意在借用"延禧宫"，"宫"与"攻"同音字，但"延禧宫"不能简称"延禧"啊，难道讲"长春宫"的，就叫"长春攻略"吗？片子女主令妃当着皇帝的面说要找漂亮的太监，对皇权制度缺乏起码的了解。历史剧可以发挥，但还是要有一个底线，否则就会丧失"历史感"，成为主观言说，对历史缺乏敬畏感，对观众造成误导。

《中国时报》：承上，今年因为清宫剧而让乾隆皇帝收藏的作品、他的艺术品味再度受到关注，在两岸故宫的乾隆皇帝收藏或御制品中，可否请老师以您自己的主观，推荐何者最值得今人多加关注？

祝勇：乾隆皇帝当然是一位大收藏家，其实重收藏是中国历代宫廷的传统，比如宋徽宗就是一位大收藏家，到清代乾隆皇帝手上，中国宫廷收藏达到了历史的极盛。经乾隆皇帝收藏，流传到今天分藏在两岸故宫的著名文物有很多，法书方面，著名的就有三希堂的三件晋人书法，即王羲之的《快雪时晴帖》、王献之的《中秋帖》和王珣的《伯远帖》，其中王珣的《伯远帖》是王氏家族存世的唯一传世真迹，现存北京故宫博物院。至于最值得今人多加关注的文物，绘画方面，像东晋顾恺之的《洛神赋图》（宋摹本）、五代顾闳中的《韩熙载夜宴图》、北宋张择端的《清明上河图》等，皆藏北京故宫博物院，今年秋天，我的《故宫的古物之美》之"绘画风雅卷"将由北京的人民文学出版社出版，上面这些绘画藏品都写入了这本书。

《中国时报》：一个故宫情牵两岸，两岸故宫多年来始终有着"有宫无宝、有宝无宫"的打趣之言，在您看来，两岸故宫各自的"看点"在哪儿？是台北故宫博物院以书画见长？或是北京故宫博物院近年国宝回归而大有看头？若由您来看，台北故宫博物院、北京故宫博物院的镇馆之宝，您个人的评价和选择会是什么？

祝勇：所谓北京故宫博物院"有宫无宝"、台北故宫博物院"有宝无宫"的说法，其实是不实之言，对故宫的历史缺乏起码的了解。刚才说过，北京故宫博物院现藏文物 186 多万件（套），远远多于台北故宫博物院，仅以法书绘画为例，北京故宫博物院收藏总量为 14 多万件，台北故宫博物院近 1 万件，因此北京故宫博物院不存在"有宫无宝"问题，而且超过 90% 是珍贵文物，像前面提到过的这些书画，都是旷世珍品。因此，北京故宫博物院"看点"很多，除了宫殿本身，近年展览也越来越火，像 2015 年《清明上河图》展出、2017 年《千里江山图》展出时，观众都排长队观看。

至于北京故宫博物院文物从哪里来的，是否 1948 年、1949 年文物都去了台湾，这个问题需要澄清，因为许多人认识上有误区。1925 年北平故宫博物院成立，1933 年为躲避日寇入侵，部分故宫文物南迁，先至上海、南京，1937 年开始又向四川等地转运。1948 年，南迁文物返至南京集中，此后部分去台。

但需要提醒大家注意的是，1948 年、1949 年分三批去台文物，只是南迁文物的一小部分。当时南迁文物总量为 1 万 9 千多箱，去台文物只有 2972 箱（均含中央研究院、颐和园等其他单位文物），只占一个零头，六分之一左右。

也就是说，抗战南迁文物，只有一小部分去台，而南迁文物，也只占北平故宫文物总量的一部分，还有一部分留在北平，没有南迁，更不可能去台。这些留在北平的文物基本上没有被破坏。还有一部分原清宫文物，被溥仪带到东北的伪满州国，这部分文物战后也大部分回到了北京故宫。

因此，北京故宫博物院基本上继承了原北平故宫博物院的文物收藏，只有一部分文物在抗战时南迁，而南迁文物中又有一小部分去台。

当然，两岸故宫文物的主体，都出自1925年成立的北平故宫博物院。而北平故宫博物院的文物收藏，又大部分来自清宫。再往前追溯，是周秦汉唐、宋元明清的浩瀚中国史。没有哪里比故宫更能说明两岸文化本是一脉相承，我们的前辈为保住这些国宝付出了血汗甚至生命，典守我们自己的文化遗产，是两岸故宫人的共同责任。

采访时间：2018年9月1日

原载2018年9月2日《中国时报》

发表时有删节，标题改为《故宫专家揭秘延禧宫》

采访者：李怡芸

用诗意和哲思，
再现一座凝聚美的城池

——答《华西都市报》记者问

《华西都市报》：您已经出版过多部关于故宫的书，比如《故宫的古物之美》《故宫的隐秘角落》《在故宫寻找苏东坡》等。如果让您自己说，这一本《故宫六百年》，跟此前的故宫系列，最大的不同特色是什么？

祝勇：《故宫六百年》是一部综合之书、一部宏观全景式的作品，讲述到故宫（紫禁城）600 年的历史，涉及故宫的方方面面，包括建筑、事件、人物、文物等，你们新闻记者讲"五个W"——何时、何地、何事、何人、何因，这"五个W"，《故宫六百年》都有。相比之下，我以前的作品，谈故宫古物，谈隐秘角落，甚至透过故宫博物院收藏的古物讲苏东坡，都是故宫的某一个侧面。故宫广阔浩大、繁杂无边，一本书收纳 600 年，很难。《故宫里的大怪兽》作者常怡在《故宫六百年》"云首发"连线时说，写这样一本书需要勇气，我说，我胆大。

　　但光胆大不行，还要心细。首先要解决结构问题，写故宫，和建故宫是一样的，都要先解决结构问题。结构想好了，就成功了一半。然后，需要细节来支撑，它才不会大而无当。我查证了大量的历史文献，提供了大量历史细节，这座宫殿才不会是空寂的宫殿，而是有人在活动，也让历史变得有血有肉，亲切可感。比如在《养心垂帘》那一章，我写曾国藩走进紫禁城，到养心殿见慈禧太后，这是这两个人的第一次见面，彼此的对话，表面上温文尔雅，波澜不惊，实际上波谲云诡，充满了试探和角力，这不是我编的，而是来自真实的历史记录。历史本身太过生动，我们坐在书斋里编不出来，因此我一直认为，非虚构比虚构更有力量。

《华西都市报》：在《故宫六百年》中，我看到您的行文当中，一直在思考短暂与永恒、建筑与藏品、物质与精神、时间与空间、政治与文化、皇家与民间，这些成对的概念中，蕴含着对立统一的哲学关系。在写作的具体过程中，您是怎样的状态？

祝勇：本书的写作，当然不能停留在叙事的平面上，满足于一个"说书人"的角色，而是要"拎"起来，有形而上的思考，为读者提供一个独特的观察视角，即我们对历史的表达，一定要有自己的历史观，这样文本才有唯一性。

写作者要有问题意识，有能力提出问题，然后再解决这些问题，哪怕不能解决这些问题，提出问题本身就是了不起的。在写作过程中，我一直在考虑故宫是什么，应该放在一个什么样的坐标系上去写，是写王朝的故宫，还是写文化的故宫，这"两个故宫"到底是什么关系，故宫600年充斥着善与恶，如何看待这些善与这些恶，等等。这些问题想不清楚，整本书都是白写。这些我都在书里作了回答，在这里就不重复了。

《华西都市报》：这本书很厚，但是诗意的语言段落特别多。比如"层层叠叠的斗拱，正像是木头上开出的花"这样的语句，比比皆是。保持这么高的诗意频率，是很难的。您是如何做到的？

祝勇：我对历史的叙述，一直保持着文学的风格。其实我并没有刻意去考虑诗意的语言，这可能是我多年写作形成的习惯，就是对语言的讲究。我不喜欢以白开水似的语言讲述历史，那其实还停留在业余写作的阶段。语言是写作的基础材料，一个好文本的打造，语言首先要过关。这是一个写作者的基本功，正像紫禁城的建造，每一个细节都应当考究一样。

《华西都市报》：在这本书中，"超文体"的特征非常明显。您的作品以大散文为主，诗歌穿插，又带着小说的情节写法，多个因素综合在一起。写散文写了很多年直到现在，您对"散文""非虚构"这些概念，有了怎样的最新体会？

祝勇：其实我也没有受这些文体概念的束缚，我认为写好才是最重要的，是什么形式并不重要。丢掉条条框框，才能写得酣畅，写得自由。

这部《故宫六百年》，延续了我一贯的散文写法，但它整体上又不像散文，也不像非虚构或纪实文学，很难归类。假若拿去评奖，实在不知道该评个什么奖，所以去年《当代》杂志给我一个文学拉力赛总冠军，只笼统地说是"长篇作品总冠军"，至于是长篇什么，他们没有说，也没法说。我理解他们的"苦衷"。

故宫本身是一个复杂而庞大的存在，它本身就是"跨界"的，要把许多学科打通，否则只能一叶障目。这决定了这次写作必然是"综合写作"，这个文本是"综合文本"，丰富而庞杂，这需要一个比较全面的知识结构，才能游刃有余。

这就像故宫本身一样，它内部的建筑形式多种多样，宫殿楼阁、水榭山馆一应俱全，但彼此并不打架，相反形成了一种大和谐。这是中国文化中特有的"和"的力量。故宫三大殿分别命名为太和殿、中和殿、保和殿，"和"是故宫文化的核心。

至于你说，《故宫六百年》以大散文为主，诗歌穿插，又带着小说的情节（只是小说的方法，其实并没有虚构），是在写作中自然形成的。它是一支交响乐，是由不同的乐器、不同的声部联袂完成的，因此才能具有一种气势磅礴的力量。

《华西都市报》：您曾经说，在故宫博物院里工作，"气息跟外面不一样。心非常静。有人说，故宫有自己的时间。我深有感受"。现在这个时代很浮躁，节奏很匆忙，或者整个社会又会遇到疫情这样的大挫折。您在故宫工作，一直写故宫、拍故宫，对您本人有怎样的滋养作用？

祝勇： 昨天安意如还和我说，在故宫博物院工作的人有一种独特的气质。我说，这得之于故宫的滋养。我在《故宫六百年》里说了，故宫是一座凝聚了中华文明之美的城池，它的美，来自时间的孕育，来自万物的和谐，来自我们文明中真善美的赐予。这些美的创造者是我们的老师，我们与他们相隔数百年，看不见他们的面孔，但能够感觉到他们的存在，每时每刻都在聆听他们的教诲。所以故宫是养气的，我们说修养，修是主动的修行，养则依赖客观环境，在这方面，我作为故宫的一名工作人员，深感幸运。

《华西都市报》： 现在故宫游很热门。通过现代传媒技术，故宫也被越来越广泛的普通人所了解、走近。但是其实要真正读懂故宫，还需要读书和思考。您觉得呢？您有怎样的建议？

祝勇： 我们故宫博物院有故宫研究院，我原来负责的研究所叫影视研究所，前不久改为故宫文化传播研究所。影视研究所，原来比较注重故宫题材影视作品的策划，比如文化综艺节目《上新了，故宫》。文化传播，范围更广一些，包括我这些年出版著作、发表文章、进行演讲，都是故宫文化传播的一部分。

有朋友问我，故宫这几年为什么这么热？我想这首先因为故宫是独一无二的，它是我们居住的这个星球上规模最大的古代宫殿建筑群，也是最大的木结构建筑群，昨天"云直播"时我说，它也是全宇宙最大的古代宫殿和木结构建筑群。故宫博物院收藏文物超过 186 万件（套），许多文物天下独绝，它深厚的历史文化内涵，是故宫魅力的最主要的来源。

这几年，故宫博物院通过新媒体，以全新方式传播故宫文化产生了巨大成效。比如故宫博物院的数字博物馆（在端门上）、微信"微故宫"、VR（虚拟现实技术）、纪录片、综艺、云直播，还有我们与苹果公司合作研发的《韩熙载夜宴图》应用程序（我参加了此项研发），等等，都颇受欢迎，尤其是受到年轻观众的喜爱。在这方面，故宫博物院可以说是先行者，有勇气，有魄力，有担当。当然，这一切都不是戏说，不能随意演绎，而是以严谨的学术研究为基础。所以王旭东院长提出，"平安故宫是基础，学术故宫是核心，数字故宫是支撑，活力故宫是根本"。

《故宫六百年》在快手举行"云首发"，累计观看人数超 1800 万人，同时在线人数超 12 万人，直播账号涨粉率超百分之三百，让我这个长期依赖纸媒的写作者，体验了新媒体的强大力量。

当然，真正了解故宫，不能完全依赖新媒体。要深入了解我们的历史与文化，依然需要通过阅读来实现。新媒体实现传播的广度，阅读则可以抵达思想的深度。我们这个时代，不能变成只有信息、没有思想的时代。这次四川新华文轩举办第二季"城市读行者"活动，我曾经说过这样一句读书推荐语："没有什么事情，比读书更能体现'静水流深'这四个字的含义。"

采访时间：2020 年 5 月 26 日

原载《封面新闻》2020 年 5 月 27 日

《华西都市报》2020 年 5 月 29 日

刊载时题为《祝勇〈故宫六百年〉向时间和智慧致敬：

用诗意和哲思，再现一座凝聚美的城池》

采访者：张杰

故宫皇极殿，郑欣淼摄

遇见故宫——紫禁城
600 年的那些故事

——答《小康》杂志记者问

2020 年是紫禁城建成 600 年暨故宫博物院成立 95 周年，这是故宫乃至整个中国文化界的大事。作为保护和传承人类文明的重要殿堂，它是连接过去、现在、未来的桥梁，更是一个重要的文化符号。

关于故宫之美

祝勇：从建筑形态来说，这座城里，宫殿楼台、亭阁轩馆、庭院街道一应俱全，因此它具有一座城应有的物质形态。在这个物质空间里，也容纳着各色人等，包括皇帝、后妃、太监、文臣、武士、医生、老师（皇帝及皇子的讲官）、厨师、匠人，等等，他们在各种建筑中生存和相遇，合纵连横，各种各样的社会关系应运而生。故宫是一座名副其实的城，是物质的城，也是人群的城。它是一个社会，是世界的模型，是整个世界的缩影。

《**小康**》：紫禁城既是世界最大规模的木质结构建筑群，也是世界上现存最完整的宫殿建筑群，代表了中国传统官式古建筑的最高成就，其中的每一座古建筑都堪称独一无二。看建筑，成为人们来访故宫的理由之一。这些建筑在您策划的纪录片《紫禁城》中也有所体现。

您能否以发生在故宫的一个小故事（可以是历史的，也可以是当下的）为切入点，谈谈在您的眼中故宫建筑的特色以及故宫在古建筑维修保护方面的探索。

祝勇：故宫建筑的意义，我在书里都说了。这里只强调一点，即故宫（紫禁城）是明清两代皇宫，但它反映的建筑思想、规制，不只是明清两代的，而是五千年一以贯之的。比如说紫禁城凝聚了中国人对"天"的认识，构筑了一个以太一、两仪、阴阳、四隅、五行为基本构架的时空网络，对宇宙秩序作出诠释。这些思想，先秦时代就有，《吕氏春秋》等著作中都有明确的解释，几千年没有变过。所以说，中华文明是人类历史中没有中断过的文明，这一点在故宫得到有力的证明。

至于你说的切入点，我想放弃那些宏伟的地上建筑，讲一讲故宫的排水系统。因为地上建筑比较引人关注，游客到故宫参观，关注点都在那些宏伟的宫殿上，很少有人注意到故宫的排水系统。当然，有些暗沟，人们是看不到的。

紫禁城的地平，北高南低，每当大雨，三大殿大台基上的螭首"千龙吐水"，无论地面上的水，还是遍布紫禁城的明渠暗道里的水，都将汇入内金水河，再由内金水河汇入护城河，护城河又与北京城的水系相连，使紫禁城里的水迅速被"输送"出去。再大的雨，内金水河的水位也只上升一米左右，实际上是紫禁城中的一座可以调节水量的小型水库。很多人关心，故宫的木构建筑在遇到暴雨时会不会被水泡，我说，故宫的防水功能非常强大，哪怕是遇到暴雨也无所畏惧。

故宫的建筑，处处体现着"天人合一"的理念，这一点不只是通过象征来表现，比如以奉天殿（今太和殿），表达王朝"奉天承运"的正统性，从实用功能上看，故宫的建筑，也与宇宙、天地、自然，达成了一种自洽、和谐的关系。

　　我在《故宫六百年》里写到，有一天，我去冰窖餐厅参加晚宴（故宫博物院将清代皇帝用于藏冰的库房改造成为游客服务的餐厅），从厨师那里得知，他们每年冬天还在内金水河上采冰，存入冰窖，在夏季用于冰镇餐饮。此后，每当我在凛冽的寒风中走过太和门广场，听到冰镐的声音在浩大的广场上发出空旷的回声，我会清晰地意识到，内金水河不只是一条历史的河、死掉的河、只能用来瞻仰和凭吊的河，它也是一条现实的、鲜活的、有生命力的河。它仍然有它的生命律动，仍然以一种秘而不宣的方式，介入我们的生活。

故宫"家底"

祝勇：故宫的宏大，不仅使营造变得不可思议，连表达它都是困难的。这让我的心底升起来的那股言说冲动，每次都铩羽而归。它太大了，它的故事，一千零一夜也讲不完。我们常说，一部二十四史，不知从何讲起。其实二十四史有头，也有尾，但故宫没有。

《**小康**》：5 月故宫在午门正殿及东西雁翅楼举办"《韩熙载夜宴图》——历代人物画作品展"。作为中国文物藏品最多、最丰富的宝库，故宫博物院的文物藏品超过 180 万件（套）。近几年，故宫博物院通过开辟新展区、扩建新展馆、策划新展厅、举办新展览，把越来越多的藏品请出库房，供公众观赏。而公众对于展览的热情也与日俱增，其中还发生过很多故事，比如 2015 年《清明上河图》展出时烧水泡面，最后一位游客离开时已经是凌晨四点。

您能否以您的作品《故宫的古物之美》为切入点，谈谈您认为故宫中最珍贵的文物是哪一件？它背后的故事是什么？

祝勇：《故宫的古物之美》是我 2018 年在人民文学出版社出版的一本书，出版后差不多每个月卖出 1 万册，销量很大，我没有想到。在那一年，故宫博物院等国内几家博物馆与中央电视台合作，推出大型文化综艺节目《国家宝藏》第一季，此前纪录片《我在故宫修文物》也已经热播。也是 2018 年，故宫博物院与北京电视台等单位联合出品了《上新了，故宫》第一季，2019 年又推出第二季，通过明星真人秀的形式，探访故宫的建筑和文物。这些影视项目，掀起了"文物热""国宝热"，《故宫的古物之美》一书广受欢迎，我想与这样的背景有关。

故宫博物院收藏文物总量超过 186 万件（套），我在书里写，每天了解 5 件，要把这 186 万件（套）都了解了，差不多得千年。人生不过百年，我们要看完全部文物，每天不停地看，一百辈子不够。如此巨大的文物存量，不可能完全展出，所以正如你所说，故宫博物院通过各种方式扩大展览，我想我写的这本书，也是一种补充，尤其是让那些没有机会到北京的人，能够了解故宫的文物。

另外，我还希望通过个人化的表达，对故宫博物院收藏的文物进行一番艺术史的梳理。故宫博物院收藏的文物，构成了各种门类的艺术史，比如青铜器史、玉文化史、陶瓷史、家具史，等等。我在《故宫的古物之美》里试图打通这些不同门类的历史，以这些文物去构筑起一部中华文明史或中华艺术史。《故宫的古物之美》，其实是一部极简版的艺术史，把具体的文物与文明大脉络联系起来，这样，观众在看每一件文物的时候，它们不再是孤立的，而是与艺术史、文明史，乃至中国大历史联系在一起的。所以在《故宫的古物之美》里，我有时候干脆撇开文物，去讲历史了。

但这些历史，又可以在文物上得到落实。

故宫匠人

祝勇：在故宫，依然找得见日常生活，找得见最朴素的亲情与关爱，更找得见神圣的奉献与牺牲。我们依然可以看到，人不仅是利己的，更是利他、利群的。或者说，唯有做到利他，才能实现利己。

《小康》：正是工匠们"择一业，终一生"，才让故宫永远是那个故宫。您能否以故宫文物修复师所在的"故宫文物医院"为例，讲一个给您留下深刻印象的故宫匠人的故事和他所代表的精神？

祝勇：我在故宫博物院工作，对我的同事们充满敬意。前几年杨澜看到我的新书《故宫六百年》，发了一条微博，表扬我的心很安静，"无论潮流如何变换，他总是保持着儒雅的气质和敏锐的眼光"，这是过誉了，我愧不敢当。

这话用在我的故宫同事身上却是很贴切的。我写作出书，多少还是可以出名的。但我在故宫的许多同事，一辈子默默奉献，没有人知道他们的名字。《我在故宫修文物》这部纪录片，让我们文保科技部的几位修复专家成了网红，像王津老师、屈峰老师、杨泽华老师等，但假若没有这部纪录片，他们还不是默默无闻，在故宫红墙里干一辈子？况且故宫博物院1000多名员工，成为网红的也只是很小的一部分，更多的人，面对的是繁重的日常工作，很枯燥，不同的是，他们责任重大。

所以我说，故宫的人，心是很静的，外部世界光怪陆离，跟他们都没有太大的关系。他们的心思，就在文物身上，在我们民族优秀的文化遗产上，一辈子为国家典守文物，不负国家和大众的重托，这就是"故宫精神"吧。要说具体例子，那就太多了，比如摹画室的冯仲莲先生，生前负责临摹宋代张择端《清明上河图》，我记得她临摹这张画，用了十几年。一个人从22岁工作到60岁退休，在职时间是38年，放在摹画室，不够摹3张画的。十几个春夏秋冬，十几个365天，每天都是一样的，日复一日，年复一年，没有定力，没有热爱，没有使命感，不可能坚持下来。

故宫十二时辰

祝勇：故宫（紫禁城）是空间之城，同时也是时间之城。故宫的中轴线（从午门中心点到神武门中心点）是子午线，南为午，北为子，与夏至、冬至分别对应；而北京城的日坛与月坛的连线则刚好是卯酉线，与春分、秋分相对应——明清两朝，春分行日坛之祭，迎日于东；秋分行月坛之祭，迎月于西。自河姆渡文化以至明清，这套时空一体的意识形态贯彻始终，数千年不曾走样，故宫也因此成为中华文明源远流长的伟大见证。

《小康》：不同时辰的故宫有不同的美。您作为一位常年与故宫相伴的学者，认为故宫的哪个季节、哪个时辰最美丽？有没有哪个瞬间，故宫给您留下的印象最深刻？您的理由是什么？

祝勇：前几天《华西都市报》《封面新闻》采访我，也问到故宫的哪个季节最美。我说故宫四季皆美，"春有百花秋有月，夏有凉风冬有雪"，这句话，最合适故宫。至于一日之内，我认为故宫的早晨、黄昏都很美。"一日之计在于晨"，每次穿越城市的车流人流到故宫上班，一进宫门，心就立刻安静下来，因为故宫早晨很静，只有鸟鸣声，但"蝉噪林逾静，鸟鸣山更幽"啊。故宫的黄昏也美，有时下班，从英华殿、寿安宫、寿康宫、慈宁花园的西墙外一路北走，还没走到武英殿和西华门，在慈宁花园和武英殿之间、原来属于内务府的那片空场上，向东望去，会看见夕阳的余晖刚好把三大殿的戗脊照得金光闪亮，我才明白古代建筑师为什么把宫殿的戗脊修饰成金色，除了它的象征性意义，从视觉上也形成了很强的冲击力，尤其是黄昏，夕阳西下的时候，那金色在黄昏里十分显眼，天色越暗，那金色越是明亮。我很幸运，普通游客不可能从这个角度看三大殿。

更开放的故宫

《小康》：这些年，故宫"游人止步"的区域越来越少，一扇扇紧闭的大门打开，一个个幽静的院落跃入眼帘。
2014 年，故宫的参观区域达到 52%，到了 2018 年，这个
数字已经接近 80%。故宫开放的不仅是它的区域，还有它
的姿态，近些年，故宫通过各种方式在宣传自己，让人们
了解故宫，再次走进故宫，并通过不断改进，让进入这里
的公众有更好的参观体验。

您是否可以从慈宁宫、寿康宫、午门雁翅楼、故宫城
墙、南大库、延禧宫这些近些年来面向公众开放的区域切入，
谈谈它们现在的状态？

祝勇：从 1925 年故宫博物院成立，故宫的意义就发生了转
型，从帝王的宫殿转型为人民的博物院。故宫博物院是汇
聚了中华优秀传统文化的大本营，也理应是传承优秀传统
文化的大本营。近些年，故宫博物院为更好地履行博物馆
的功能，做了大量工作，院领导和同事们付出了非常艰苦
的努力，要知道，多一份开放，多一份责任。我希望观众
对故宫有更多的理解，故宫更应该感谢民众的配合。

更年轻的故宫、更有趣的故宫

《小康》："有事启奏，无事晒颜"，这是很多网友对故宫微博的总结。对于新媒体潮流的把握，让故宫越来越年轻了。开微博，开微信，和网友各种互动，出品了十余个应用程序，让文物活起来、玩起来。故宫正通过更加积极主动的心态，利用互联网和数字技术，让越来越多的人爱上它，了解它。

您认为故宫是如何迎合现代人的文化需求与文化习惯，让自己更接地气的？

祝勇：时代的变化，很大程度体现在文化载体的变化上。我们的文字，曾经刻在青铜器、甲骨、石鼓上，后来写在竹简上、绢上、纸上。每一种载体的变化，都带来了语言的变化。比如刻在青铜器上的字，就不可能长篇大论，西周晚期的毛公鼎上的铭文算是比较长的，也只有500字上下。晋代以后纸上书写多，文章就相对长了。再到今天网络时代,网络小说流行,几百万字的小说,也只能算个中篇。

　　故宫博物院虽然汇聚了中华优秀传统文化,但不只是文物仓库,还有传播之责。而传播,必须与当下流行的传播手段相结合,不是迎合,而是适合现代人的文化需求与文化习惯。我所在的研究所就是故宫文化传播研究所,对于传播故宫文化,责无旁贷。这些年故宫博物院"全面开花",赢得了广大游客,尤其是年轻人的喜爱。传统文化赢得了年轻人,才能赢得未来。

采访时间:2020 年 6 月 5 日

采访者:苏枫

写 600 年，目光要超越 600 年

——答《环球时报》记者问

《环球时报》：您在新作《故宫六百年》中写到，写紫禁城与建紫禁城极为相似，其相似处是什么？为什么您选择以空间带时间的结构来写这本书？

祝勇：紫禁城建成的时间，是明朝永乐十八年（1420），到今年刚好是 600 周年。始建的时间，有永乐五年和永乐十五年两种说法。

永乐元年（1403），朱棣下诏改北平为北京；永乐四年（1406），下诏以明年（即永乐五年）五月建北京宫殿，当然只说"建北京宫殿"，并没有说是建紫禁城，也可以理解为对元故宫（也就是朱棣从前作燕王时的府邸）修修补补，作为他北狩的驻跸之所。所以，学术界一般认为，永乐五年以后，是准备材料阶段，因为那时他还不方便公开在北京建紫禁城的目的，所以才有"分遣大臣采木于四川、湖广、江西、浙江、山西……"。实际建设，是永乐十五

年（1417）开始的，因此，正式建紫禁城的时间，应当是3年多。

我写《故宫六百年》，也用了3年多的时间，准备资料的时间更长，所以我说，写紫禁城与建紫禁城差不多。这是一种巧合。我写故宫，与明朝建紫禁城，当然是不可同日而语的。但也有相似性，就是写故宫，面对的是无比浩瀚的时间与空间，涉及的领域很多，工程巨大，最难的问题，是以什么样的方式把史料组织起来。故宫里的建筑，看起来纷繁复杂，实际上却组织有序。写故宫就像是建故宫，都要先解决结构问题，看上去繁而不乱。在这一点上，我要向历史中的规划师和建筑师学习。

故宫600年，时间跨度很长，前后10个甲子，涉及明朝、清朝、民国、中华人民共和国几个历史时期。我不想机械地按照时间的流程写，写成一部故宫的编年史，我觉得那样更像是一本流水账，而没有自己对历史的思考。反复思量之后，我决定采取以空间带时间的方式，就是把故宫从空间上分成若干个区域，每个区域写一章，从午门开始写起，一个区域一个区域地写，每个区域选取历史中最重要的一个片段，彼此接连起来，刚好是一部完整的大历史。

这样写的原因，一方面是为了照顾那些对故宫不太熟悉的读者（游客）。一个人进入故宫，首先产生的是对空间的印象，而对时间的印象并不强烈。我曾经陪同一些朋友在故宫里转，许多人觉得故宫像一座巨大的迷宫，转一会儿就晕了，特别希望我把每个部分的功能讲述给他们。所以这本书以空间为线索，像一个历史导游，引导大家在故宫里转，这样，读者对故宫 600 年历史的印象就更加直观。另外，有一些游客对历史有一些了解，但不知道发生在什么地方，那样，历史就被"抽空"了，我这样写，可以带大家"重返"历史现场，让历史（时间）与空间衔接起来。

还有一个原因，是中国人的空间意识，本身就是先于时间意识产生的。举一个例子，中国人通过观察星象（北斗星）来确认季节："斗柄东指，天下皆春；斗柄南指，天下皆夏；斗柄西指，天下皆秋；斗柄北指，天下皆冬"，也就是先有东南西北四个方位，才能确定春夏秋冬四个季节（夏至、冬至、春分、秋分）。时间产生于空间，空间就是时间。而紫禁城，本身就是一个巨大的时钟，它的运转，带动着历史的展开。

《环球时报》：在您看来，回顾 600 年，故宫在今天最值得我们纪念和书写的是什么？

祝勇：写 600 年，目光要超越 600 年。比如紫禁城的建设，是在明朝永乐年间，但它体现的文化观念，至少在周代就有了。我经常用"一二三四五"来概括紫禁城的规划，"一"是"太一"的思想，"二"是阴阳之道，"三"是天、地、人三位一体，"四"是东西南北四隅与青龙、白虎、朱雀、玄武四象，"五"是金、木、水、火、土"五行"，以及"五行"所代表的"五德"，即仁、义、礼、智、信，故宫的东、西、南、北、中"五方"，分别象征着木、金、火、水、土"五行"，紫禁城的功能分区，也与"五行"相对应，比如皇子的宫殿，一般都在东边，因为东边属木，代表生长，代表王朝事业的兴旺发达。午门内的五座内金水桥，就分别象征了仁、义、礼、智、信"五德"。这些观念，在这块土地上传承已久，都不是明代所产生的。明代建的宫殿仍然体现着这些观念，表明了中华文明的历史延续性，几千年不曾中断。我觉得除了故宫建筑自身的美，这种文明的历史延续性，更值得我们赞叹。

《环球时报》：您在书中表示，紫禁城最根本的特性是，

它是一个生命体。帝制终结了，但紫禁城没有死，且永远
不会死。为何这么说？600年来，故宫什么在变，什么没变？

祝勇：我在后记中提到过"两个故宫"的概念，一个是王
朝政治意义上的故宫，一个是文化意义上的故宫。从王朝
政治的意义上看，故宫是明清两代的皇宫，自秦代以来两
千多年，如果从夏代算起有近四千年的帝王统治在这里走
向了终结。因此，故宫是中国帝制时代后期的历史现场，
凝聚了大量的历史信息，见证了我们民族从封闭走向开放
的历史进程。从文化的意义上看，故宫集中反映了中华文
明的价值观，像三大殿所体现的天、地、人三位一体的思
想，内金水桥所象征的仁、义、礼、智、信"五德"观念，
等等，与我们今天的现代价值并不违和。所以，在后记里，
我写下这样的话：

"四大文明古国中，唯有中华文明未曾断流，其中的
原因，须从文明的内部去找。毋庸置疑，在我们的世界里，
有罪孽与坠落，但也有拯救与飞升，就像这辉煌浩大的故宫，
无数次几乎被摧毁，又无数次地涅槃重生。中国人能穿越
黑暗与血腥活到今天，中国历史没有中断在某一个黑暗的
时刻，不是因为这黑暗不够强大，而是因为我们文明中的

正面价值比这黑暗更加强大，这些正面价值包括隐忍、宽容、牺牲、仁爱，儒家所说的仁、义、礼、智、信，道家所说的上善若水、道法自然等，几乎包含了我们文明正面价值的所有内涵。与充满经营算计的王朝政治相比，文化具有更强的整合力。"

因此说，文化的价值比王朝更加久长。在故宫里，帝王将相都是过客，封建王朝也不能永恒，但它所代表的中华优秀传统文化，却自周代一直延续至今，生生不息。

紫禁城的"紫"字不是指颜色，更与"紫气东来"扯不上什么关系。"紫"其实是星宿名（紫微星垣），代表着宇宙自然的秩序，以及这些秩序的运行、变化，人间之理要服从于宇宙天地之理，因此，追求"太和"是王朝政治的最高理想，"禁"才凸显了帝王在人间的权力，但它是第二位的，不是第一位的。紫禁城的英文译名（The Forbidden City）只译出了"禁"（Forbidden），并没有翻译"紫"，说明译者对紫禁城的内涵缺乏深入的认识。

《环球时报》：您对这个巨型建筑空间的感受是什么？书中说，在紫禁城，生命的参照系太大，一个人置身其中，就像宫殿里的一粒沙，不值一提，更容易唤醒哲学家的自问。

您会经常问自己那三个问题吗？您找到的答案是什么？

祝勇： 紫禁城有两条中轴线，一条是南北中轴线，也叫子午线，把紫禁城分成东西两个部分；还有一条是东西中轴线，就是乾清门前的那条"天街"，把紫禁城分成南北两个部分，南面为"殿"，是皇帝的"办公区"，北面为"宫"，是皇帝后妃的"生活区"。"宫"和"殿"，分别承担着不同的功能。我想说的是，这两条中轴线，刚好组成了一个坐标，它的横轴和纵轴可以无限延长，把我们每个人都纳入到这个坐标系中。

我们每个人，都要在历史中寻找自己的位置。没有坐标系，我们就成了星际尘埃，不知道自己的位置，没有来路，也没有去处。有人会说，那个坐标已经成为历史，跟现在没有一毛钱关系了。其实现在也是历史，到将来它就会成为历史。王羲之《兰亭序》说："后之视今，亦犹今之视昔。"所以我们都是构成历史的一个部分，哪怕是很微小的部分。

梁启超先生说过，一代有一代之文学。同样，一代也有一代之文化。但中国文化是层层积累、不断递进的，每一代人，都在创造着他们的"当代"，同时也是历史之一环。作为后来者，我们是幸运的，因为已经有前人的成就摆在那里，我们已经站在了前人的肩膀上；但后来者也是不幸的，因为面对前人的辉煌成就，学习都不是一件容易的事，超越就更不是一件简单的事情。

《环球时报》：您曾表示，美是一种观念，一种对生命的态度，是凡人的宗教，是我们为烟火红尘里的人生赋予的意义。了解这点，才能真正体会古物之美。能否详细深入阐释一下，我们为什么要去欣赏故宫之美、古物之美？它们对人生的意义是什么？

祝勇：故宫不仅是中国古代建筑的集大成者，故宫博物院更是一座集合了中华文明的瑰宝的博物院。故宫是明清两代皇宫，但故宫博物院里收藏的文物不只是明清两代的，而是自新石器时代，历经周秦汉唐、宋元明清，一直到当代。博物院里的文物，构成一部完整的中华文明史、艺术史，没有中断。

　　我们今天所说的文物，它们当年并不是作为"展品"制造出来的，而许多是古代的生活用品，包括玉器、瓷器、家具、服饰，等等，即使是今天被当作艺术作品的书法，许多也是古人来往的信札。中国人的美学观念，许多是落实在生活中的，是生活的一部分。它们的身上，体现了中国人对美的热爱和追求。对于中国人来说，美是为生活服务、为生命添彩的。对美的热爱，其实就是中国人对生活的热爱、对生命的尊重。美的观念有所流变，但这种生命态度却不会变化。每次面对文物，最感动我的地方就在这里。

《环球时报》：您建议普通观众从哪些视角欣赏故宫之美？（如建筑、文物、生活方式等）请举例说明。

祝勇：故宫之美不是一个抽象的概念，而是通过它的每一个细节体现出来的。以建筑而言，游客们去故宫参观，最关注的建筑是太和殿，那也是中国现存最大的木结构大殿。为什么会宏伟壮观？其实太和殿的高度（含台基）才35米多，大概相当于12层楼的高度，现在北京市三四百米高的建筑有很多，但它们都不像太和殿那样让人感到震撼。原因之一，是太和殿虽只有35米，却是单层建筑，所以显得高大。更重要的是，它与其他建筑形成了一种恰当的比例关系。你看它两旁的体仁阁和弘义阁，都比太和殿低11米多，只相当于太和殿高度的68%，刚好与黄金分割的数值接近，所以太和殿与这东西"二阁"配合起来，就显得很美。

还有，就是体仁阁和弘义阁都是两层楼阁的形式，与单层的太和殿形成对比，让太和殿广场这个"大四合院"一圈的建筑不显得单调乏味，而是充满了变化。

文物方面，故宫博物院收藏约 186 万件（套）文物，数量巨大，难以一概而论。就说宋代汝窑瓷器吧，现在全世界存量只有 70 余件，故宫博物院收藏的汝窑瓷器，件件是珍品。汝窑瓷器名气很大，不仅在于它的存量少，物以稀为贵，更重要的是它的造型既简洁又高雅，体现了作为中华传统文化巅峰时代的宋代的艺术成就。而且，它在设计上追求极简，所以很有"现代感"，如果做成"文创"，我想当代人一定会喜欢。所以我建议大家除了欣赏故宫的古建筑，还要多去看看故宫博物院展览，比如去陶瓷馆看一看宋代汝窑。

《环球时报》：在引导普通观众欣赏故宫之美方面，故宫采取了哪些举措？还存在哪些困难和问题？

祝勇：我只是故宫博物院一名员工，所以我说不全面。在我的印象中，故宫博物院在文化普及方面做了大量的工作，比如我们的微信（微故宫）、微博、数字馆、纪录片、出版物、文创、主题夏令营、志愿者讲解服务、视频直播，等等。

或许受疫情的影响，今年视频直播比较火。今年清明假期期间，故宫博物院联合人民日报客户端、新华社、人民网、新华网、央视频、抖音、腾讯新闻等网络平台开展"安静的故宫，春日的美好"直播活动，带领广大观众通过网络走近故宫，感受闭馆期间故宫的春日之美、建筑之美、空灵之美。6 月 13 日"文化和自然遗产日"，我在"环游云赏北京中轴之美——北京中轴线双百新媒体中英双语全球大直播"中，带领大家领略故宫中轴线的壮美。据不完全统计，本次直播的覆盖量已超 2.5 亿网民。

《环球时报》：在今年疫情的背景下，故宫将举行哪些纪念 600 周年的活动？

祝勇：据我所知，为了纪念紫禁城建成 600 年、故宫博物院成立 95 周年，故宫会举办一系列学术研讨会、论坛，比如"纪念紫禁城建成 600 年暨故宫博物院成立 95 周年座谈会"、第五届"太和·世界古代文明保护论坛""紫禁城建成 600 年暨中国明清史国际学术论坛"等；展览方面，故宫博物院将在今秋，在午门展厅举办"紫禁城建成 600

故宫雨花阁区的宝华殿，郑欣淼摄

年展""千古风流人物——苏轼主题书画特展"等。恰好，我的《在故宫寻找苏东坡》刚刚由人民文学出版社再版，将通过故宫博物院的藏品，阐释苏东坡一生的心灵历程。

此外，我所在的故宫文化传播研究所和故宫文物南迁研究所还将负责推出一部新的纪录片，叫《故宫文物南迁》，反映博物院前辈在战争年代为保护故宫文物所作出的历史性贡献，今秋可望举行开拍仪式，并开机正式拍摄，争取 2022 年上线播出。

采访时间：2020 年 7 月 25 日

原载《环球时报》

采访者：张妮

写一座凝聚了
五千年文明之美的"城"

——答《文艺报》记者问

"这是一座凝聚了中华五千年文明的城池。"2020 年，始建于 1406 年，建成于 1420 年的"紫禁城"600 岁了，与此同时，故宫博物院也迎来了成立 95 周年纪念。故宫 600 年历史载入了新的一页，而这一页对多年来以故宫为主题进行书写、研究和传播的作家、学者、纪录片编导，故宫文化传播研究所所长祝勇来说，也终将难忘。这一年，祝勇出版了两部新作，一本《在故宫书写整个世界》总结了作家 20 余年来以故宫为"精神原乡"的写作，另一本《故宫六百年》则以空间布局为序，通过对紫禁城几百年营造史与发展史的追溯，贯穿起五千年中华历史长河中的民族文明史与心灵史。从《故宫的风花雪月》中的器物文明到《故宫六百年》的全面抒写，几十年来，祝勇用长达几百万字的主题书写构建起了一个纵横交错的时空之网与意义之网，试图以此来打捞历史，完成一个文化学者以当代视角对古老文明进行的独特解码与重述。

"它是中华文明无价的历史见证"

《文艺报》：今年，您以故宫为主题写作的"集大成"之作《故宫六百年》出版，全书首次将故宫作为一个整体，以其建筑布局为序，在时间长河的讲述中串联起了中华五千年文明史，这次跨度近 5 年的写作又是以您 20 多年来对故宫文化的研究与书写为基础的。故宫建筑及其包蕴的文化思想中最触动您的是哪方面？

祝勇：故宫建筑本身是对中华文明的一种承载，其中体现的中华文化的多元融合是故宫建筑群的最大特点。紫禁城的空间布局形式中承载着一种"天人合一"的秩序关系。东西南北中，五行搭配五色，中国的美学、哲学都包含在其中。比如五行的象征，金水河属金，从西边而来，象征西方的昆仑山脉；东边属木，代表生长的力量，所以在太阳升起的地方布局了文华殿等象征王朝未来的建筑；而太和殿属土，居中，象征着王朝的命脉。北京是天下之"中"，紫禁城是北京之"中"，这个"中"的概念又体现了我们民族对于秩序的寻求和理解。同时故宫又不是按照某种单一文化礼制建造起来的。它以儒家思想为主，但同时又有阴阳、八卦等其他思想成分及文化元素在内，甚至一些西洋文化在故宫建筑中也有体现。这些多元文化在故宫里没有杂乱无章、各自为政，或是互相排斥、互相矛盾，而是有机融合，形成了一种和谐的有韵律感的美，形成了总体上和谐的一个"和声"。而太和殿、中和殿、保和殿三大殿中的"和"字，又是对孔子所说的"和而不同"之"和"的一个很好提炼，"和"是中华文化的一大特点，故宫就很好地体现出了这一点。今天越来越多的人去关注故宫，更多还因为故宫本身的独特性。故宫现存文物总量186万件（套），这些文物贯穿了从新石器时代到今天的中华文明史，代表着我们文明当中曾经最辉煌灿烂的部分，这是故宫独一无二的价值，而这其中，紫禁城又是故宫所有文物中最重要的一个，作为人类星球上规模最大的古代木结构建筑群，也是规模最大的古代皇宫建筑群，从建筑到文物，故宫都是中华文明无价的见证。

《文艺报》：您曾说，"是中国人价值观的伟大成就了这座城的伟大"。在《故宫六百年》里，您着力书写了隐忍、宽容、牺牲、仁爱等中华文明中的正面光辉是如何永恒照耀着这座古老宫殿的。这种"温暖的写作"与世纪之初您以《旧宫殿》为代表的一些写作形成了某种对照，这种书写上的转向是如何发生的？

祝勇：在刚开始介入故宫主题的写作时，我曾对紫禁城中发生过的某些历史片段或历史的某些方面进行过批判式的书写，但在多年的写作中，我也同样坚定着另一点，那就是认识我们的文明或者文化需要从整体上去观照、判断。紫禁城的建立在"美"的原则上还体现着道德原则与道德诉求，但在 600 年的历史进程与各种风云际会中，这些诉求能否完全实现却受着各种现实因素的影响。所以在这本新作中我想去写一写紫禁城中的人性光环与温暖。比如我写了明清两代帝王的孝道，像是康熙皇帝对并非生母的孝惠章皇太后一生的孝顺等。中华民族的儒家文明中一直就承载了很多正面的东西，孝道就是其中之一，清朝作为北方草原游牧民族入关后建立的王朝，能完全接受儒家文明的价值观，并体现在皇帝身上，就说明了文明的力量。再比如我写了明孝宗朱祐樘的一生传奇，他的"弘治中兴"是其登基后留在史册上很亮丽的一面，但在其政治生涯的背后，他最初的生命却是靠着宫殿里一群籍籍无名的宫女、太监等小人物的冒死护佑才得以留存的，那些看不见的手与发自生命中本能的"善"的默契让我在很长一段时间里都十分感慨。我还写到了故宫里一代代文人对中华文化始终不灭的信念。在书中第九章"一座书城"里，我写了咸丰四年（1854）杭州私人藏书家丁申、丁丙兄弟于城内旧书店发现了曾被太平天国炮火所毁的杭州文澜阁所藏版《四库全书》残页，由此在民间发起的长达7年的《四库全书》搜寻补录工作，并于光绪八年（1882）文澜阁重修完成后，将补抄整理后"几复旧观"的《四库全书》全部归还的前尘旧事。从中显露出了中华文化那种令人震撼的力量，这样的群体行为无人要求，完全出自一种自觉自发的使命感，中华民族历经磨难，但文化传承的信念却从未中断、磨灭过，这就是我们的文明能生生不息传到今天的原因。

"写作是深度体验文化的一个过程"

《文艺报》：您曾将自己从 20 世纪 90 年代开始的写作生涯分作 3 段，其中以故宫为主题的起于新千年伊始。2002 年您辞去公职并开始了一段"游学"生活，这段经历对您之后的写作产生了怎样的影响？

祝勇：今年由人民文学出版社出版的我的"故宫系列"著作已有 9 本，这些作品囊括了我这些年故宫主题写作的主要部分。其中既有讲文物的《故宫的古物之美》（共 3 本），也有讲涉建筑及其背后历史的《故宫的隐秘角落》，还有《故宫六百年》这样比较综合的作品。从创作历程看，向故宫逐渐聚焦的写作主要发生在新千年的第一个 10 年，这 10 年我遍及全国各地的游走不断激发着我对传统文化的兴趣，并自然地形成一个汇聚，将我的目光引向故宫。回忆那段行走的经历，最真切的一个感受就是，我看到了传统文化在中华大地上留下的鲜活印记。我看到了最传统的造纸法、最古老的花布印染工艺等，这些技艺至今仍在当代生活中发挥着作用，这让我充分感受到了传统文明之美并激发了我极大的创作热情，同时我也感到，传统文化的面向实在太广阔了，需要找到一个可深入持久去挖掘的聚焦点，后来在千丝万缕的联系中我重新发现了故宫，发现了故宫里汇集的传统文明的精华。这样的经历让我后来从红墙外再回归到红墙里进行研究与叙述时，就始终保持了一个开阔的视野。再后来我写《远路去中国》，从世界的视角来对故宫文化进行体验与阐释，这种展开就更加立体、深入与广阔了，我认为这是一个很好的体认过程。面对故宫这样的庞然大物，该用什么方式把它写出来、表达出来？写作本身就是一个漫长的摸索学习及不断地加深认识的过程，是一个深度体验文化、产生变化的过程。

《文艺报》：作家宁肯曾说，您的写作将他心目中"知识层面的、常识中固化的故宫"变成了与个体相关的，可以感同身受的动态的故宫，这样的写作特色是如何形成的？从 2013 年出版的《故宫的风花雪月》开始，仿佛从中可以看出您在文化书写方面的宏大企图。

祝勇：我的《故宫的古物之美》中收录的 18 篇散文讲述了 18 件不同门类故宫文物的前世今生。在这些文物的背后，我想写的是整个文化这条河流大的流动，在我眼中，这 18 件文物并不是海面上孤立的一座座孤岛，它们背后依托的是一个宏大的历史框架。海平面以下，岛屿的下半部跟整个大陆相连，我不想把它们从宏大历史中剥离出来，变成彼此没有联系的讲述，我想搞清楚它们各自的位置与彼此的关联，创造一个大文化的视角去解读故宫文物，这个视角可能基于中华文化，甚至要超越中华文化，从世界人类文化的视角，把文物当作一个文化现象去写，超脱绘画、书法这些具体的艺术形式与艺术史本身的研究范畴，在人类文明、文化的层面上去重新观照这些历史古物。

写作不能去重复别人。写故宫文物，从文化背景上来看，我是从艺术学、从外部进入故宫的，所以我的解读方法和角度一定也与"专业"写作有所不同。对艺术而言，"审美"和历史学、哲学都是可以打通的。比如我笔下的《清明上河图》《韩熙载夜宴图》，这些作品有很多前人研究过，但我选择在一个无限展开的空间里讲述它们，以更好地发挥我的特点。比如《韩熙载夜宴图》中，我就提出了"最后的晚餐"主题。比如我写《十二美人图》，从它们跟雍正皇帝之间的关系入手，在解读中纳入了拉康的镜像理论，把"美人图"看作是雍正皇帝内心的自我指认。它们是一面镜子，借助这样的"媒介"，雍正皇帝得以确认自我，并通过这样的映照反映出其内心另一个理想的自我，这种解读偏离了纯粹的文物鉴定角度，以及艺术创作、艺术史的视角。通过跨界融合，我想把这些艺术品从一个狭窄的领域里"拉"出来，在我的知识结构中对文物进行新的阐释。这些阐释是基于真实史料的非虚构写作，每段故事情节甚至细节都有依据，但我不愿意机械地去复述历史，而是要带着当代人的思想和视角去打捞历史中的人物，这种写法本身又是文学的方式。历史学注重真实，文学关注的则是事实背后的人。作家只有抵达了这个"人"，其叙事和言说才能够真正完成。

"创造过这样辉煌灿烂文明的民族，
是不可能轻易被打败的"

《文艺报》：在《故宫六百年》的最后一章，您饱含深情地写到了老一辈"故宫学人"的风采及抗战时期故宫文物南迁的伟大壮举与艰辛。可以说，故宫博物院从成立之初就是建基在对文物的研究与保护之上的。

祝勇： "故宫文物南迁"对今天很多普通人来说已比较陌生了。但对故宫博物院甚至对我们国家的民族文明史来说，这都是历史上曾发生过的一件非常重要的大事。它指的是从 1933 年 2 月开始，为躲避日寇铁蹄，北平故宫博物院决议把部分主要文物迁出北平的一系列文物保护行动。这些文物后来辗转迁徙，途经了大半个中国，搬运转移文物共19000 多箱，整个文物迁徙规模的浩大，在整个人类文明史上都是史无前例的。那时"故宫人"有一句话"人在文物在"，所以才有了后来这些文物从北京走到南京，走到四川乐山、峨眉再到贵州等地，经历战乱却没有丢失、基本没有损坏的奇迹，这不仅是故宫的奇迹，也是我们民族乃至人类文明史上的一个奇迹。

去年故宫博物院申报国家重大课题的项目《故宫文物南迁史料整理与史迹保护研究》已获得通过，故宫博物院原院长郑欣淼先生任首席专家，因此今年我最重要的一个任务就是作为总导演推进这部纪录片的拍摄完成。此前，我们已做过很多资料挖掘与整理工作，这些资料从故宫现存的很多档案乃至地方档案馆的相关内容中一点点挖掘出来，内容十分浩瀚。整个南迁过程空间范围波及大半个中国，甚至还涉及一些国外地区，因为在南迁过程中，我们一边"迁徙"一边还在沿途的贵阳、重庆、成都、上海这些大城市办展览，通过展览宣传中华优秀传统文化，增强国人对抗战必能取得胜利的民族自信。这里边还涉及当时如何认识故宫文物价值的问题。溥仪退位后，国人对故宫文物的认识一度还存在一些争议，也有人认为故宫文物是封建帝制的象征，承载的是负面的价值。但是1925年故宫博物院建院后，那一代最初的故宫人一直就坚信，故宫里所有的文物承载的都是中华五千年的辉煌文明，因为创造这些文明的是中国文化，所以它们属于全体中国人民。也正是在这样的信念支持下，这些展览陆续举办，并且每次都能引起巨大轰动，其中一部分展品还被送往国外，通过对外展出提升中国的国际地位和国际形象，为中国争取抗战胜利赢得国际社会的舆论支持。通过这些方式，那一辈"故宫人"想让包括中国人在内的世界人民都看到，我们中华民族是一个多么优秀的民族，中华文明历经无数劫难依然走到了今天，文明没有消失、泯灭，没有断流，依然能创造出如此辉煌灿烂的文化，所以这样一个民族是不可能轻易被打败和征服的。

《文艺报》：今年初，您所在的故宫博物院影视所更名为故宫文化传播研究所，改名后您作为所长有何思考？

祝勇：故宫博物院现在提出了未来要向平安故宫、学术故宫、活力故宫、数字故宫四个方向努力建设的目标。在我看来，今天的故宫的确越来越有活力了，而这个活力的基础还是学术。在今天，故宫文化的传播更需要有一个正确的导向以及学术上的严谨。网络时代哪怕有一帧、一个字的错误，也可能会被截屏在网络上传播，所以我们必须得有责任感，必须传达正确的信息。在此基础上我们可以用一些年轻人更喜欢的方式，同当下的传媒变化相适应。比如前年《上新了，故宫》第一季，我们跟电视台合作，首次将文化综艺节目引入故宫，这在全国博物馆系统中都属前卫探索。又如今年疫情防控期我参加的"613"故宫"云观展"线上直播，后来收视率据官方统计达到了两个多亿。当然这只是整个故宫文化传播中的一小部分。包括 9 月以来正在故宫举办的《丹宸永固——紫禁城建成六百年展》和《千古风流人物——故宫博物院藏苏轼主题书画特展》，都在通过各种方式吸引着国内外的极大关注。现在，对故宫感兴趣的人从原来中老年人、旅行团居多正转向年轻人越来越多，这是一个特别好的现象。但年轻人有时对传统文化了解不深，常停留在表面，所以在文化传播方面我们就应去寻找更合适的方式引导他们深入了解传统文化的内涵，使其知其然也知其所以然。像我们现在正做的"南迁"纪录片也在贯彻这样的想法。我们还在不断尝试，希望能逐渐找到一种新的更适宜的模式去表现这样一段宏大的历史。

这些年故宫博物院还办了很多大事，其中有很多都是不为外人所知的基础工作，比如自 2001 年申奥成功次年启动直至今年才完成的"百年大修"，还有 2004 年开始的长达 7 年的文物清理工作等。当年郑欣淼院长下定决心带领全院进行半个多世纪以来的首次彻底的故宫文物清点工作，其实就是一个非常大胆有魄力的决定。这其中牵涉的很多工作都非常复杂，比如连最简单的除尘和搬运工作，都因关涉到文物的保护而变得非常麻烦，很多重体力的劳动也不能交给别人，只能由故宫员工们自己来做。所以故宫人在许多方面都为故宫作出了很大贡献，7 年后开总结表彰大会时，很多人当场流下热泪，因为这些年来实在太不容易了，终于完成了那样一个重要使命。那些工作将为今后故宫的发展与文化传播打下更坚实的基础。所以这次纪录

片完成后我还准备继续写写跟故宫有关的知识分子等。我们第一批在故宫工作的学者中很多是北大教授，比如第二任院长马衡等，他们作为五四新文化培养起来的一批知识分子，把当时西方现代的考古学、文献学、历史学等方面的学科带入了故宫博物院，他们的到来使博物院从建立之初就打下了扎实的学术根基，也正是这些人，在当年那样艰苦卓绝的历史条件下，也从来没有怀疑过故宫文物的价值，他们心中有着一个信念，发自内心地觉得要保护好民族的文物，这不仅仅是完成一个任务，而是完成一项使命。这使他们在整个南迁过程中非常坚定，也因此才能克服那么多不可想象的困难。今天看来，这无数微小个体身上汇聚的精神与力量也正是我们中华文化与文明得以传承发展的原因。

采访时间：2020 年 10 月 29 日

原载《文艺报》2020 年 10 月 30 日

采访者：路斐斐

故宫太和殿的龙柜，郑欣淼摄

故宫有无限的"新"的事物吸引着我

——答《钱江晚报》记者问

大雪节气前，作为一个幸福的"故宫人"，祝勇已经静静欣赏过这个冬天故宫的第一场雪。

祝勇生于 1968 年。一年又一年的故宫生涯，他已经算不清楚，自己见证过多少场故宫的雪了。

他也算不清楚，自己为故宫写了多少万字了。只记得写故宫的书，将要迎来第十部。

祝勇现供职于故宫博物院故宫学研究所，作为故宫博物院文化传播研究所所长，名正言顺地和故宫长相厮守，在很多人眼中，这是个幸福的职业。今年又恰逢故宫 600 年华诞，故宫几乎成了全民"网红"。而祝勇，却在这关于故宫的喧嚣中，日复一日地进行着自己的书写，这时候，故宫于他又是宁静的。他特别珍视故宫这个宁静的环境，觉得很温暖。

自 2011 年始，他待在这 600 年大宫殿的边上，近一点儿，远一点儿，高一点儿，低一点儿地看着，就这样以一个学者、一个作家的姿势，看了数年。祝勇也从人们心目中的那个写大散文和历史随笔，同时制作着各种历史题材纪录片的祝勇，成为一名"故宫写作专业户"。

"弱水三千，我只取一瓢饮。"这一瓢深情，正是故宫。

作为一个沈阳人，他或许也没有想到，自己走着走着，就从"盛京"走到了"帝京"，又走进了紫禁城。

岁末的一日，祝勇风尘仆仆地来到了温州。当天晚上，他在温州琦君文学馆领取了琦君散文奖作品奖。第二天，他在瓯江边上匆匆地采了风，下午就赶回北京。他在故宫上班，回去还有一大堆事儿等着呢。

一个人，对故宫要多年如一日地保持专注，保持新鲜感，甚至还要保持着一份痴心，并不是件容易的事。《故宫六百年》的得奖，或许正是一种岁月对痴人的奖赏。

"在故宫，可以慢慢沉下来。"祝勇说。那么，徘徊在故宫内外庭院的他，在想些什么呢？

他有他自己看故宫的方式。有人说祝勇应该写一部关于故宫的小说，祝勇说，如果他写一部故宫的小说，那一定不是宫斗的，也不是歌颂帝王的，而是一部关于人的、充满复杂人性的小说，与所有写明宫、清宫的小说都不同的小说。

对于当下的一些文化怪现状，从 600 年的时间深处抬头的祝勇保持着自己的那份清醒。他说，每个人都在享受着现代文明的成果，如果还像有些人那样只关注龙椅，关注宫斗，脑袋后面的辫子还没有剪掉，与现代性的立场相矛盾了。

记者在温州与祝勇匆匆见了一面，不及深聊，等他回京后，继续我们的对话——

就像写一个人，每天与他朝夕相处

《钱江晚报》：我们知道您开始写历史文化随笔是 20 世纪 90 年代初吧？后来是什么契机让您将历史题材的随笔渐渐聚焦到了故宫上面？

祝勇：2011 年，是辛亥革命 100 周年，这一年，完成了 10 集纪录片《辛亥》，我就调入故宫博物院工作了。在此之前，零零散散写过一些关于故宫的书，比如《旧宫殿》。我写《血朝廷》时还没有调入故宫，出版时差不多就调入了。2012年开始比较集中写故宫，尤其在散文方面。第一篇散文是《永和九年的那场醉》，2013年在《十月》杂志上开了一个专栏，叫《故宫的风花雪月》，当年出版了一个集子，就以这个篇名为书名。2014年又在《十月》杂志上开了一个专栏，叫《故宫的隐秘角落》，后来也出版了单行本。前几天在温州参加"琦君文学奖"颁奖，遇到《十月》主编陈东捷先生，我还对他说，我在《十月》杂志上的专栏是我写作的一个拐点，从此"专业"写故宫。

《钱江晚报》：自从您在故宫上班，等于每天身在其中，跟故宫进行着对话，在故宫内外，您看世界，看历史的心情、眼光是否发生了变化？

祝勇：就像写一个人，每天与他朝夕相处，对他十分熟悉，对他的认识也就更深，与偶然一见的感觉不一样。故宫已经成为我日常生活、工作的一部分，对它的节律、气息，我都非常熟悉。但我对它依然有新鲜感，这就是古代经典建筑的力量所在，是历史的魅力所在。它永远让我感到震撼，在它背后，还有太多没有说出的秘密，我对它的认识，永无止境。

《钱江晚报》：在写关于故宫的随笔系列时，您觉得讲故事重要，还是让曾经在这个紫禁城里的人物们一个个鲜活起来重要，或者，表达您对历史思考的一些观点是第一重要的？写了这么多年的历史随笔，您能够概括一下自己的"祝派历史"的风格和趣味吗？

祝勇：我对故宫的书写，有感性的成分，也有理性的成分。没有感性就不是文学了，曾经在故宫里生活的人已成历史人物，在现实生活中已经没有这样的人了，像帝王将相、宫女太监，这是他们的特殊之处，但在我看来，他们也是普通人，处在特殊时空中的普通人，或者说，他们就是人，假如忽略他们穿戴的凤冠龙袍，他们就是和我们一样的人。我试图通过自己的笔触，寻找我们与他们的精神连接点。甚至于，已经无法区分谁是"我们"谁是"他们"，其实都是"我们"。"他们"是历史中的"我们"，"我们"可以设身处地地感受到"他们"在自己时空中的困境、纠结、选择，"他们"的一个又一个"选择"，使"他们"最终成了"我们"。这涉及个人与历史的关系，又是一个理性命题了。在我的书写中，感性和理性是融在一起的。写历史不能戏说，不能猎奇，"历史是现在与过去之间永无止境的问答交流"，我希望我的作品有"交流感"，历史不是与现实没有关系的过去，所有业已消失的人物都与我们有关联。我不敢说有什么"祝派历史"，但我的确有我的风格和追求。

故宫有无限的"新"的事物吸引着我

《钱江晚报》：作为一个中国人这几年特别关注的历史写作"富矿"，您面对它时，会不会感到瓶颈，或者因为可能的明清两个断代历史的时间跨度上的局限，会不会有审美疲劳？还将继续挖掘、穷尽故宫这个宝藏吗？如果将目光暂时从故宫上移开，那么您会关注什么？

祝勇：我写过的每一个题目，都是可以无限延续的，比如《故宫的古物之美》《故宫的隐秘角落》。如果只是关注一个点，或者只用一种方法去表达，的确会产生审美疲劳。

所幸的是，故宫是您所说的"富矿"，有无限的"新"的事物吸引着我。那些"新"的事物，其实是旧的事物。因为旧，离我们过于遥远，所以让我们感到陌生，因为陌生，所以感觉"新鲜"。越是"旧"的事物，我们可能越发感觉到"新"。目前我在尝试用一种更"新"的写作来表达故宫，当然，对我来说是"新"的。

前些日子开始阅读美国作家、哲学家、历史学家威尔·杜兰特与其夫人阿里尔·杜兰特所写的煌煌大著《文明的故事》，共 11 部 15 卷，我目前正在写一个多卷本，虽然不像《文明的故事》那样规模宏大，但我可能会像《文明的故事》一样，提供给你一个整体的历史观，不是碎片化和专业化的，像季羡林先生所说的，"把无羁的热情和横溢的才华完美地结合在一起"，当然，在此期间，我还会写一些灵性的、短小的作品，表达我对故宫及其收藏的文物的感触。

《钱江晚报》：在故宫，哪个房子是您待过最多的？您跟它有什么故事吗？您最喜欢其中哪个建筑，为什么？

祝勇：我待过的最多的房子当然是我的办公室，在紫禁城西北角，在城墙内、角楼下的一个前后三进四合院，原来是故宫里的城隍庙，是清代雍正年间建的，供奉的是城隍之神，以保佑这座宫城。故宫里许多建筑我都很喜欢，但我尤其喜欢这组建筑，因为它和我的工作生活息息相关。在故宫工作这么多年，对它已无比熟悉，对它的一砖一瓦也很有感情。现在故宫研究院就设在这座小院里，有不同门类专家在这里工作，大家相处和谐，像一个大家庭。在研究院，每一位专家都是我的老师。他们在各处的领域里都有极深的造诣。我有什么问题，就找他们答疑解惑。故宫博物院是一所永远毕不了业的大学。

《钱江晚报》："2020 年的第一场雪，比平常来得更早一些"，我看到您的朋友圈晒出了银装素裹的紫禁城，故宫每年因雪而成为"全民网红"，您觉得这种"红"，是基于某种人们对历史的兴趣与探究，还是因为审美，四季的风花雪月这些元素？

祝勇：故宫是美的。故宫的美不是孤立的，而是与世界，与自然，与生命联通的。有人问我，故宫什么时候最美，我说故宫四季皆美。人们说"春有百花秋有月，夏有凉风冬有雪",用此来形容故宫,再合适不过。比如北方的冬天,百花凋落,给人肃杀感,尤其下雪,更让人感到彻骨的荒寒,但故宫的古建筑,在白雪映衬下,不仅不显得肃杀,却反而显得更美、更壮丽。这让我们不能不佩服古代建筑师的美学造诣。四季晨昏,故宫各有其美,所以故宫本身也是有生命的,在不同的时节表现出不同的节律与韵味。我觉得这是人们喜欢故宫的一个很重要的原因。

《钱江晚报》:《故宫六百年》刚获得京东文物考古图书榜第一名,您对书的畅销这件事怎么看?写作时会不会追求畅销,比如为了更畅销,寻求一种更接近大众的表达方式,或者放低自己的身段和姿态"与民同乐"?

祝勇:我在写作时并不追求畅销,畅销其实也不是作者可以"追求"来的。在写作时,我比较我行我素,按自己的想法写,这样作品才有个性,我喜欢写作个性,讨厌千篇一律。假如读者喜欢,我想读者喜欢的是这种表达上的个性。写故宫的书很多,我相信我的写法与任何人都不同。但另一方面,表达的效果也是重要的,因为写作是一种交流,把读者当作"倾谈"的对象,这不是取悦读者,而是心里不能没有读者。巴金说过，"把心献给读者"，我相信读者的品位，相信好的作品会赢得更多的读者。

尽管有许多人，最终连名字都没有留下

《钱江晚报》：写故宫，意味着经常要聚焦权力的金字塔顶端的那些变幻，那些角逐，那些人性深处，那么，站在那么高的位置，您写作时又如何跟芸芸众生里的低微处接上呢？是否需要去体察低微处的尘土飞扬？

祝勇：紫禁城是一座城，城里什么人都有，就是你所说的芸芸众生。帝王、后妃其实也是芸芸众生，太监、宫女当然更是。万物众生皆平等，我们今天回看历史，应当站在一个平等的立场上看他们，不应神化帝王，而不见宫殿里的普通众生。紫禁城 600 年，所有人的命运纠集在一起，形成了历史大命运。在这座城里，每一个人的命运都是历史命运的一部分，都是荡气回肠的，尽管有许多人最终连名字都没有留下。但他们是可以被看见的，好的作品会见

证他们的存在。历史的进步，体现为我们不再以封建等级观念来看待他们。

《钱江晚报》：您是否注意到了明清两朝进出故宫的外部力量，比如那些外国人，他们在其中起到了怎样的作用？他们有一个群像吗？他们眼中有一个相似的中国吗？您对谁最感兴趣？他们在故宫的出现，是否都意味着一种"新"的到来？您怎样看待这些人的影响力？

祝勇：我写过一本书，叫《远路去中国——西方人与中国宫殿的历史纠缠》，也被人民文学出版社列入"祝勇故宫系列"出版了，谈的就是这个问题。这本书讲了 5 个与中国宫殿（包括太平天国在南京的皇宫）有关的外国人，实际上是把故宫 600 年的历史放到一个更大的尺度上，也就是世界的尺度上去考量，也把中国历史和世界（外国）历史打通了。六个多世纪以来，中国没有和世界脱离过关系，中国历史也是和世界（外国）历史互动的结果，这本书就用 5 个外国人的命运诠释这个道理，许多读者很迷这本书，因为它把中国历史和世界(外国)历史对接起来，严丝合缝，而且有着神奇的对应、互动的关系。

《钱江晚报》：人们常常从故宫了解中国的传统性，有人说"故宫正是了解中国的好教材"，那么假如要从故宫这个视角打量中国的现代性呢，您觉得有什么话要说？

祝勇：我们平常所说的"故宫"一词，一般有两层意思：第一，"故宫"的意思，是"从前的宫殿"，就是紫禁城，是明清两代皇帝生活、理政的地方；第二，人们把"故宫"当作故宫博物院的简称，故宫博物院是一个收藏了多达186万件（套）文物的博物院，当然，紫禁城这座建筑，也是这个博物院里的收藏，而且是故宫博物院内最大的文物。这两个意思经常混用，分不开。

简单说吧，第一个意思里的故宫（即紫禁城），是一个历史遗留物，是皇宫；而第二个意思里的"故宫（博物院）"，是一个现代概念，是博物院，是中国走向现代化的成果。帝王的皇宫变成了人民的博物院，空间没有变，但它的属性变了，表明中国的巨大进步。

博物院（馆）的建立本身就是现代化的成果，在帝制时代，没有博物馆。也正因中国走向了现代，有了博物馆，今天的游客才有可能走进紫禁城，去观看故宫博物院收藏的文物。我们每个人都在享受着现代文明的成果，如果还像有些人那样只关注龙椅，关注宫斗，脑袋后面的辫子还没有剪掉，就与现代性的立场相矛盾了。当然，这样的观众只是少数，更多的观众还是痴迷于故宫博物院收藏的186万件（套）文物所承载的优秀传统文化。

《钱江晚报》：您在琦君散文奖的获奖感言中说："故宫是一个600年的宫殿，经历了明清两代的皇宫。600年当中有无数人在这样一个场域里生生死死、悲欢喜乐。我觉得紫禁城600年或者说故宫600年不是一个空洞的概念，它有很多人生活过的痕迹和情感在里面。在回望故宫600年的时候，不应当仅仅看到这些建筑、这些物质化的遗产，更多的是要看到这些人。《故宫六百年》这个作品，是跟曾经在故宫生活过的人的一个对视，或者是对话。"您觉得故宫如果作为一个文化符号，不同的人看待故宫都会有不同的态度，那么这个"故宫"的符号的内涵是否会变得很多元，而很难真正去给它下一个定义呢？好像您自己也是一边写，一边发生某种自我怀疑，"我到底想写什么呢？又写了什么呢？"

祝勇： 说实话，我不喜欢关于故宫的纪录片里的那些空镜，我觉得空镜太空，我觉得故宫里面是有人的，但那是些什么样的人，他们都在想什么，我们已经很难去把握。有一次一个电视台做节目讲到皇帝选秀，说女孩子过了这一关就好像走上了"星光大道"，我觉得这完全是那个节目导演的想象，历史的情境不是这样的。我看史料，发现有女孩子得知自己选秀成功后大哭的，一入深宫，人生的悲剧自此开始，怎么笑得出来呢？前几天，国家图书馆原馆长詹福瑞老师说我还应该写一部关于故宫的小说，我想，那一定不是宫斗的，也不是歌颂帝王的，而是一部关于人的、充满复杂人性的小说，与所有写明宫、清宫的小说都不同的小说。

《钱江晚报》： 进行了这么多年的大散文写作，您对散文写作有什么话要说？您怎么看待曾经风靡20世纪90年代的大散文向这些年大火的"非虚构写作"的变迁？这其中什么特质变了？是叙述方式还是价值观上发生了变化？跟中国的社会大转型变迁有关吗？

祝勇： 用文学方式书写历史的人很多，但写得好的人并不多。除了前面讲到过的是否熟悉史料、是否贴着人性写，我觉得写得好与不好，一个重要的标准是有没有"问题意识"，是不是带着"问题"的眼光去回看历史，而不是把历史知识重述一遍。比如故宫 600 年历史，《明史》《清史稿》里都写了，明清那么多的笔记里都记了，把它们再写一遍，只不过是重复而已，最多是把文言文翻译成白话文。历史写作的意义并不在此，而在于从历史中发现问题，其中有些是深理于人性中的问题，有些是历史演进的过程中生成的问题。许多问题并未因时间的流逝而流逝，而是滞留在现实中，左右着人们的行为方式、话语方式。问题意识对于写作者是至关重要的，所以我说，有时候提出问题比解决问题更加重要。如今的"非虚构写作"、大散文写作，与之前的报告文学、散文的写作有所不同，最大的变化在于"问题意识"增加了。许多写作者是带着"问题意识"，而不是带着表扬什么、批判什么的简单目的进入写作的。这背后的原因，是时代的进步给了写作者思考的空间，也给他们的表达提供了更充分的可能性。

原载《钱江晚报》2020 年 12 月 10 日

采访者：张瑾华

故宫文物南迁，是人类文明史上前所未有的壮举

——答《南方日报》记者问

1933 年，对于成立刚满 8 年的故宫博物院而言，是极为特殊的年份。这一年的 1 月，山海关失守，北平陷入危急存亡之际。在日军枪炮与轰炸的环伺下，故宫文物危如累卵。

故宫博物院理事会作出了艰难的决定：将故宫部分文物分批南迁。这批文物共有 13427 箱又 64 包，其中，书画9000 余幅，瓷器 7000 余件，铜器、铜镜、铜印 2600 余件，玉器无数，文献 3773 箱。

1933 年 2 月 5 日夜，第一批 2118 箱故宫文物从神武门广场起运。自此，文物跟随着故宫人踏上了穿越大半个中国的迁徙路途。当时，没有人知道这条路要走多远，这一去是多少年。故宫人凭借书生报国的孤绝意志，喊出了"人在文物在"的悲壮宣言，以文弱之躯扛起了保存文化血脉的重任，在战火纷飞中实现了世界文明史上规模最大的一

次文物迁徙。

今年，是故宫文物南迁启程 90 周年。回首 90 年前的壮举，作家、纪录片导演、故宫博物院研究馆员、故宫文化传播研究所所长祝勇仍然感到动魄惊心。为此，他写下一部厚重的《故宫文物南迁》，记录了这段峥嵘岁月。

祝勇在《故宫文物南迁》后记中写道："两年中，我除了调查和拍摄，其余时间几乎都投入到本书的写作中，仿佛把自己的全部身心，投入到一场艰难而孤寂的长旅。"作为新一代故宫人，他如何看待文物南迁的历史？这段历史对他有怎样的启示？《南方日报》专访祝勇，跟随他走入故宫文物南迁历史中的更深处。

"文物损失了，就再也回不来了。"

《南方日报》：您一直研究故宫内的文物，如故宫里的书画等，是什么契机让您对故宫文物南迁这段历史产生兴趣？为什么？

祝勇：这段历史是故宫文化传承发展过程中极为重要的一环，近年来渐渐引起了大家的关注。2010 年，故宫博物院发起了"温故知新——两岸故宫重走南迁路"考察活动，那时便有学者专家留意到这个话题了。

到了 2019 年，以故宫博物院原院长郑欣淼先生为首席专家的"故宫文物南迁史料整理与史迹保护研究"学术项目列入国家社科基金重大项目，我有幸担任其中一个子项目的负责人，次年我和几位学者跟随故宫博物院院长王旭东先生实地考察南迁路线，这些工作经历，让我对这段历史越来越感兴趣。

此外，2025 年，故宫博物院将迎来 100 周年纪念。以北京故宫博物院为例，故宫文物自 1933 年开始南迁，到 1958 年陆续回京，整整用了 25 年时间，占据了这 100 年间的四分之一。这是世界文明史上规模最大的一次文物迁徙，影响持续至今。在这样的背景下，完整地叙述故宫文物南迁的历史有着重要的意义。

《南方日报》：当时提出把故宫文物迁离北京，持赞同或反对意见的人都不在少数，您如何看待这两种声音？回看结果，您是否觉得利大于弊？

祝勇：人们对文物的认知各不相同，当时有许多官员和知识分子认为，这些文物是封建王朝的映射。事实上，故宫博物院业已建立，清宫旧藏117万件文物归国家所有，开始向大众提供服务。那时还有不少知识分子担忧，文物离开北京，会瓦解军民的抗日斗志。

但是，故宫博物院理事会从火烧圆明园、东方图书馆被炸毁、沈阳故宫及所藏文物被日军控制等事件中，吸取了惨痛教训，文物损失了，就再也回不来了。于是，理事会成员力排众议，以多数票通过了故宫文物南迁的决定。从结果来看，这个决定使得掌管文物的主动权尽可能地握在自己手里，进而保护了大量文物，延续文化命脉，堪称未雨绸缪。

"交通工具变成了紧箍咒"

《南方日报》：据您考察，故宫文物南迁过程中，最大的困难是什么？

祝勇：几乎处处都是困难，看似不起眼的文物打包就是其中一个。不同类别的文物有不同的保存方式，要确保文物在颠簸的迁徙中完好无损，难度是非常高的。经费也是一个难题，在故宫文物南迁的整个过程中，一直存在经费不足的窘况，辗转到西南后更是如此。

当然，最大的困难还是交通工具的匮乏，一开始政府还调拨了火车，可随着轰炸越来越多，所有的交通工具都变得不可靠，有时甚至会出现"千军万马抢一条船"的情况，交通工具成为南迁过程中的紧箍咒。当时马衡院长等故宫人要在这般极端的条件下寻找交通工具，不知道花费了多少力气。

"老一辈故宫人，誓与文物共存亡。"

《南方日报》：老一辈故宫人对文物的付出让人动容，您在考察这些资料的时候，有没有一些特别深的感触？

祝勇：传统文化的保护传承，一方面靠技术，但最重要的，还是得靠人。试举一例，南迁的文物总共有 19000 多箱，除了故宫的 13000 多箱，其他是颐和园、国子监等机构的文物。在撤离南京时，有 2000 多箱文物没能来得及撤出，故宫的前辈并没有丢下文物自己去逃生，而是选择与文物共存亡，他们到最后的时刻，都还在寻求文物撤离南京的可能性。

我在写书时，翻遍资料也查不到他们的下落，估计凶多吉少。这种用生命来守护文物的精神十分悲壮，非常打动人。老一辈故宫人，不像战士那样轰轰烈烈，前赴后继，而是以一种细致、专业的精神，日复一日地劳动，默默无闻地坚守。

例如，当文物抵达贵州后，故宫人的生活条件愈发艰苦，米饭里头都有很多虫子和沙子，但没有人选择放弃。在他们看来，只要战争不结束，使命便没有完成。

"查找故宫文物南迁的资料就像盖房子"

《南方日报》：刚才也提到，关于文物南迁的史料可能不那么细致和充分。您在考察的过程中，有没有遇到什么困难？有没有受到资料缺失的困扰？

祝勇：《故宫文物南迁》是非虚构的，它必须建立在文献资料的基础之上，才能把历史框架建构起来。这段历史的资料的确非常零散，就像盖房子一样，需要一块砖一块砖地码起来。所幸故宫博物院的档案科里保存了大量资料，不过它们不是按照故宫文物南迁的编目排列的，而是分散在不同的档案中，所以查找的过程仍然像大海捞针，大浪淘沙。

此外，故宫文物南迁研究所所长徐婉玲等学者写了不少关于文物南迁的文章，为这本书提供了较好的学术基础。在前往各地考察时，我也格外留意当地档案馆、图书馆的资料。例如在上海图书馆，我从民国报纸中找到了不少关

于文物南迁的报道——什么时候文物抵沪、什么时候抵达
南京，途中办了什么展览，马衡院长发表了什么讲话……
通通都有记录，它们弥补了之前我们没有关注到的一些史
料内容。

"写小说能将文物南迁的历史纳入到
抗日战争的民族史诗中"

《南方日报》：听说您最近在写小说，接下来有怎样的
创作计划？

祝勇：写小说和写非虚构作品不一样，写非虚构时，我通
过实地考察、查找文献中的蛛丝马迹，慢慢将历史的真实
搭建起来。但是搭建以后发现，对这段历史的阐释还有非
常宏大的叙事空间，我感到意犹未尽，便想通过小说的形
式记录下来。

　　在这部名叫《国宝》的小说中，我们可以把肩负艰巨
使命的故宫人置于更为复杂的历史空间里，并把文物南迁

的历史纳入到整个抗日战争的民族史诗当中，展现出更加广阔的抗战图景。

这部小说是三部曲，大概 100 万字左右，目前我已完成了前两部，估计会在明年上半年推出。我从 1931 年开始写起，主要通过一个家族几代人的故事，叙述中国文物在近 100 年间辗转的命运，从而彰显中华民族百年来壮阔的奋斗史。我非常期待能够完成它。

原载《南方日报》

采访者：刘炜茗、戴雪晴

作者简介

祝勇 作家、学者、纪录片导演，艺术学博士，祖籍山东菏泽，1968 年出生于辽宁沈阳。现为故宫博物院研究馆员、故宫文化传播研究所所长。

曾在《人民文学》《十月》《当代》杂志开设散文专栏，出版有长篇小说《国宝》《血朝廷》，艺术史散文《故宫的古物之美》《故宫的古画之美》《故宫的书法风流》《在故宫寻找苏东坡》等数十部著作。"祝勇故宫系列"由人民文学出版社出版。

获郭沫若散文奖，朱自清散文奖，丰子恺散文奖，孙犁散文奖，琦君散文奖，《十月》文学奖，《花地》文学奖，黄河文学双年奖，在场主义文学奖，"名人堂"2020 年度十大作家，《当代》文学拉力赛 2017 年散文总冠军、2019 年长篇作品总冠军、2020 年长篇作品总冠军，马来西亚花踪世界华文文学奖等多种文学奖项。

任《辛亥》《苏东坡》《历史的拐点》《大运河之歌》等十余部大型纪录片总撰稿，获金鹰奖、星光奖等多种影视奖项，国务院新闻办、中央电视台联合摄制的大型纪录片《天山脚下》总导演，该片入选"新中国七十年纪录片百部典藏作品"。

择一事
终一生

《祝勇著述集》融媒体资源

立体化阅读时代，《祝勇著述集》融媒体内容为你讲述作家祝勇在文字世界里寻觅、求索，一路走来的艰辛与快意，带你全方位了解祝勇深远广袤的创作天地。请扫描下方二维码，体验本书丰富的融媒体资源。

1. 作家掠影 >> 祝勇生活及工作照片。

2. 创作年表 >> 祝勇各个时期作品的创作年表。

3. 精彩视频 >> 本书的宣传片、祝勇创作的纪录片片段等。

4. 媒体报道 >> 关于本书的媒体报道。

5. 创作研究 >> 关于祝勇作品的相关研究。

6. 其他作品 >> 祝勇已出版其他图书的介绍和购买链接。